Ostfriesland Verlag – SKN

Kirchen

in Ostfriesland

eine Auswahl
künstlerischer Ansichten

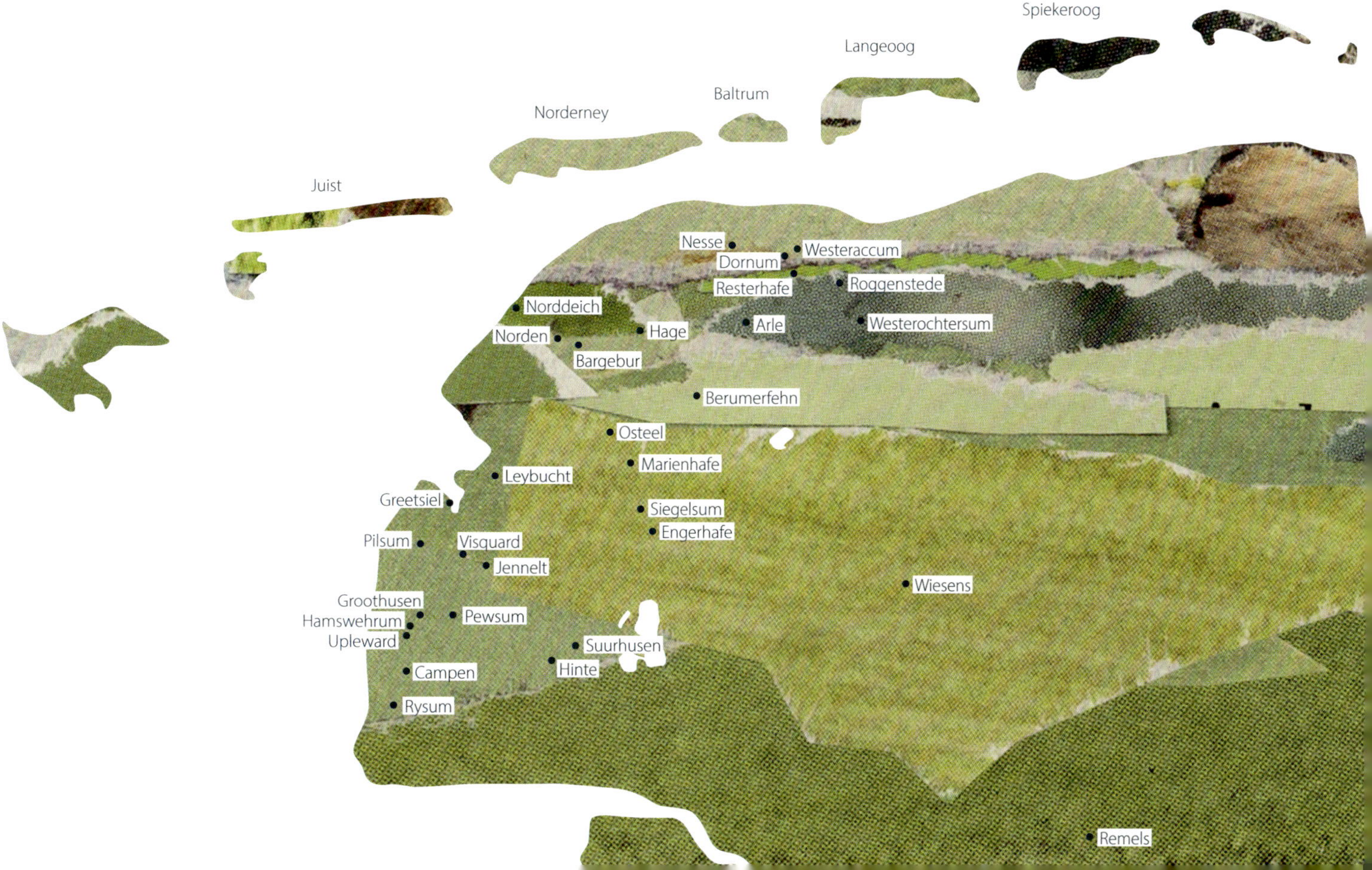
Spiekeroog
Langeoog
Baltrum
Norderney
Juist
Nesse
Westeraccum
Dornum
Resterhafe
Roggenstede
Norddeich
Hage
Arle
Westerochtersum
Norden
Bargebur
Berumerfehn
Osteel
Marienhafe
Leybucht
Greetsiel
Siegelsum
Engerhafe
Pilsum
Visquard
Jennelt
Wiesens
Groothusen
Hamswehrum
Pewsum
Upleward
Suurhusen
Hinte
Campen
Rysum
Remels

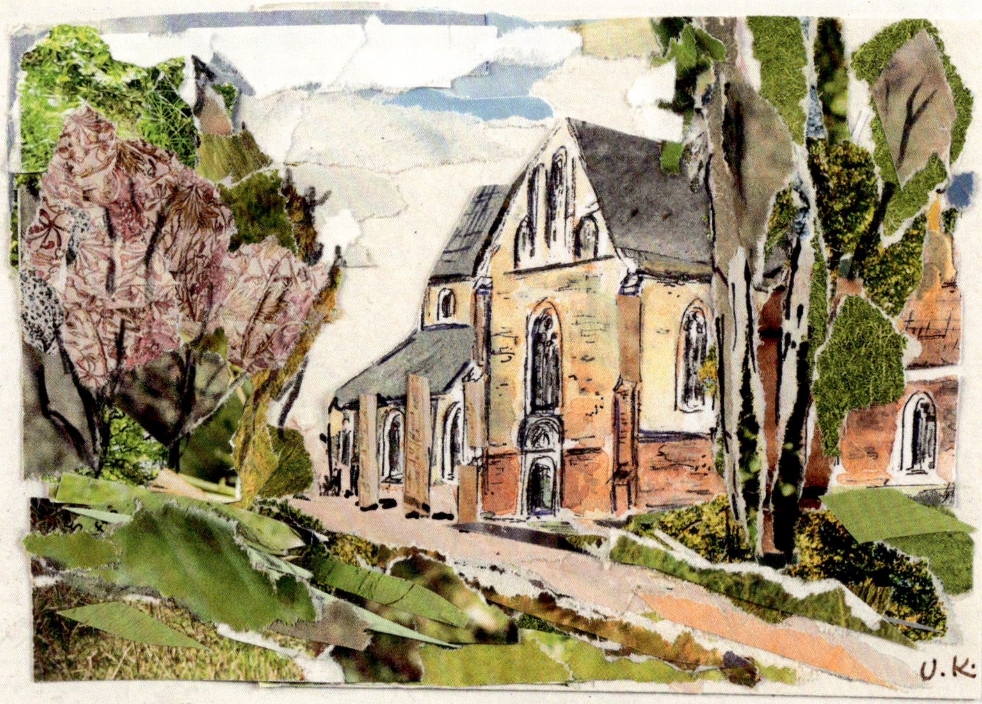
U.K.

Kirchen in Ostfriesland

Auf den folgenden Seiten möchten wir Ihnen die Vielfalt und Besonderheiten ausgewählter ostfriesischer Kirchen vorstellen – und das in der künstlerischen Betrachtung von Ursula Karge (ihr Wirken wird auf Seite 12 vorgestellt). Diese kleine Publikation soll Ihnen ein Begleiter sein: für Momente der Ruhe und Besinnung, für Erkundungen in der Region und für eine Zeitreise durch die Kulturlandschaft Ostfrieslands.

Um etwas über die Entstehung der Gotteshäuser Ostfrieslands zu erfahren, lohnt sich ein Blick in die Geschichte dieser Region, die das Phänomen dieser Kirchenlandschaft erklärt und stark mit der „Friesischen Freiheit" verbunden ist. Ostfriesland wird auch als ostfriesische Halbinsel beschrieben. Ursprung dieser Bezeichnung ist, dass sich ein von eiszeitlichen Kräften und Vorgängen gestalteter Geestrücken vom Oldenburger Land aus in nordwestlicher Richtung zur Nordseeküste schob, wo er von der baumarmen Marsch, bestehend aus Sinkstoffen des Meeres, umschlossen wurde. Besiedelt wurde das Marschland bereits im 1. Jahrhundert v. Christus. Um sich vor unvermeidlicher Überflutung zu schützen, wurden Erdhügel auf dem Geestrücken aufgebracht, sogenannte Wurten, heute Warfen genannt. Dort entstanden Dörfer, Einzelgehöfte und Kirchen und um das Jahr 1000 die ersten Deiche. Bedingt durch die jährlich tosenden Sturmfluten wurden die Wurten erhöht.

Trotz der Besiedlung dieses Gebietes waren die Friesen vom übrigen Land und dessen Herrschaftsstrukturen weitgehend getrennt und unter sich – dazu trugen nicht zuletzt die ausgedehnten und unerschlossenen Moorflächen bei, die einen Handel über Land verhinderten. Die Friesen bildeten eine eigene Einheit und richteten ihre politische Organisation und ihr Sozialgefüge selbstständig aus. So prägte sich der Begriff der „Friesischen Freiheit", der bekennende Ausdruck dafür, dass nicht Feudalismus und Leibeigenschaft bestimmend für ihre Gesellschaft sein sollten, sondern Autonomie und Freiheit. In die Zeit um 1000 fiel der Niedergang der fränkisch-karolingischen Herrschaft. Es bildeten sich als frühe Verwaltungseinheiten die sogenannten „ostfriesischen terrae" – selbstständige Bauernrepubliken – mit gewählten „consules". Diese zeichneten sich durch Wohlstand und Unabhängigkeit der Bauern aus. Dennoch gingen die großen kulturellen und wirtschaftlichen Bewegungen an den Friesen nicht vorbei; sie eigneten sie sich durchaus an, aber nach ihren Bedürfnissen und Erfordernissen. Es galt, nicht herrschaftlich, sondern genossenschaftlich strukturiert zu sein. Garantie und Legitimation für ihre persönliche wie politische Freiheit suchten die Friesen bei Kaiser und Reich, Schutz und Schirm trugen sie bestimmten Heiligen und dem Himmel an. In ihren jeweiligen Siegeln finden sich diese Landesheiligen, ihre Schutzpatrone, noch heute wieder. Ihnen zu Ehren entstanden sakrale Zentren mit vereinzelt imposanten Kirchenbauten wie beispielsweise die Ludgerikirche in Norden, eine der größten Ostfrieslands, und St. Marien in Marienhafe. Letztere wies deutliche Anlehnung an den Dom von Osnabrück auf und stand ihm in den Abmessungen kaum nach. Kleinere Kirchspiele eiferten dem in bescheidenerem Rahmen nach.

Die kleinen und großen Kirchen dienten religiösen Zwecken und waren Demonstrations- und Repräsentationsobjekte der freien bäuerlichen Gemeinden und Genossenschaften, ihrer Finanzkraft und ihres Selbstbewusstseins. Für die Menschen, die in unmittelbarer Nähe zur Nordsee lebten, waren sie noch mehr: Gebaut auf dem höchsten Punkt der Wurt, waren sie Zufluchtsorte, wenn Sturmfluten drohten. Auch dienten die Kirchtürme den Seefahrern, aber auch den Piraten als Orientierungspunkte.

Die ersten Kirchen werden wohl im späten 8. und im 9. Jahrhundert als Holzkonstruktionen errichtet worden sein. Diese Bauten hat man sich in wesentlich kleinerem Ausmaß mit fünf bis acht Metern Breite und allenfalls mit einem achteckigen Chor vorzustellen. Die bedeutenden Kirchen ab dem 11./12. Jahrhundert waren zumeist Sendkirchen (Propsteikirche mit einer Gerichtsbarkeit über andere Kirchspiele). Ein Baustoff jener Zeit war der Tuffstein, ein vulkanischer Auswurf. Das Material wurde per Schiff über den Mittelrhein und dann entlang der niederländischen Küste zumeist bis in die Harlebucht transportiert. Es war modellierfähig, aber auch porös und aufgrund der Witterungsbedingungen in Ostfriesland anfällig. Ein Wandel vollzog sich mit dem Backstein: Um 1200 wurde durch die Klöster – Zisterzienser und Prämonstratenser – die Kunst des Ziegelbrennens bekannt und fand zunehmend Verbreitung. Mit Beginn des 13. Jahrhunderts wurden die frühesten

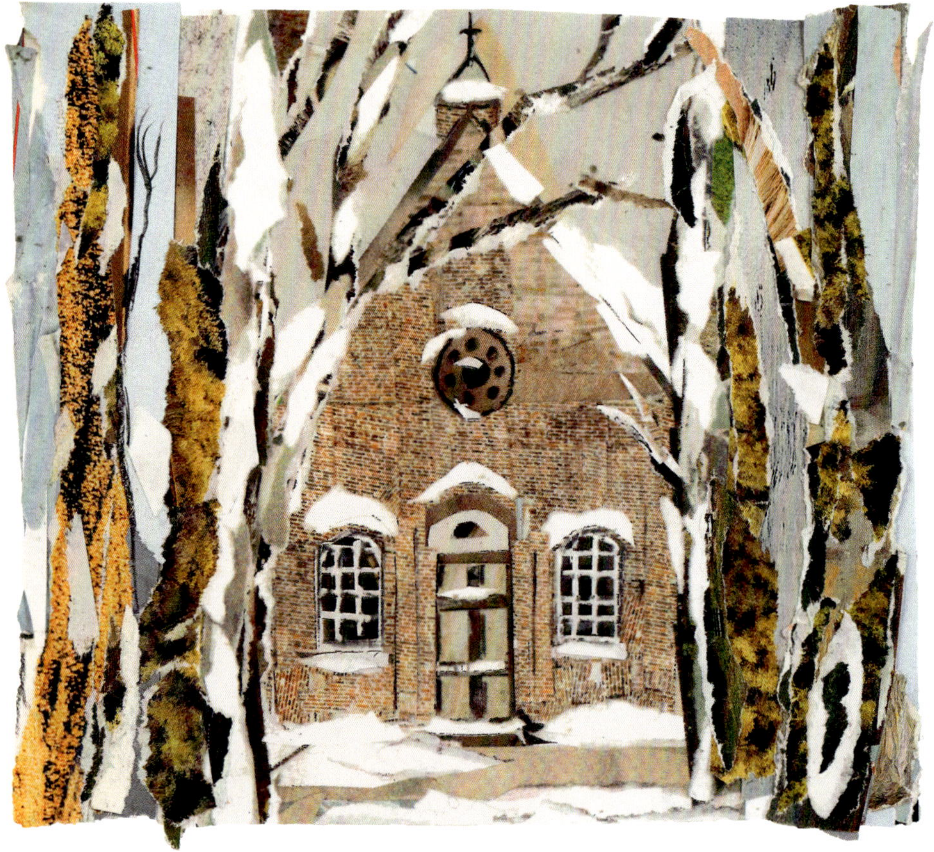

Backsteinkirchen errichtet, die viele Vorgängerkirchen aus Holz und Tuff ersetzten und zumeist auch deren Ausmaße übertrafen.

Dass hierzulande viele Glockentürme als eigenständige Bauwerke in der Nähe des Kirchenschiffs aufragen, ist eine ostfriesische Besonderheit und dem Boden dieses Landstrichs geschuldet: Da die Kirchen aufgrund der Schwingungen des schweren Geläuts in ihrer Stabilität gefährdet waren, wurden für die Glocken separate Türme errichtet. So wollten die Erbauer eine mit der Zeit auftretende Schieflage verhindern – so wie es bei der Kirche von Suurhusen ersichtlich ist, deren angebauter Turm zu den schiefsten der Welt gehört.

Die Kirchen Ostfrieslands stehen damals wie heute im Mittelpunkt der Dörfer, bestimmen das Ortsbild und vermitteln eine Strahlkraft, die seit Jahrhunderten anhält. In unserem Landstrich kann man viele dieser Bauwerke schon von Weitem ausmachen: Die evangelisch-reformierten Gotteshäuser tragen auf den Spitzen ihrer Kirchtürme zumeist einen Hahn als Wetterfahne, die evangelisch-lutherischen Kirchen einen Schwan.
Es lohnt aber auch unbedingt ein Blick ins Innere dieser Bauwerke. Viele der Kirchen beherbergen historische Altäre, Kanzeln und andere Relikte, die es zu entdecken gibt. Auch prächtige Orgelprospekte finden sich, hinter denen sich wohlklingende Instrumente verbergen – für seine Orgelfülle ist Ostfriesland weltberühmt. Ein Klangerlebnis können wir Ihnen mit diesem kleinen Buch nicht bieten, aber wir haben für Sie die Entstehungszeiten der Orgeln, ihre Baumeister und ihre Bedeutung als kulturelles Erbe dieser Region, soweit uns bekannt, aufgeführt und mit Wissenswertem zu den Kirchen ergänzt. Viel Freude mit dieser Lektüre!

Gabriele Basse, Verlagsleitung

Unikate aus Papierschnipseln

Ursula Karge nennt sich selbst eine Freizeit-Künstlerin. Die gebürtige Norderin hat viele künstlerische Leidenschaften. In frühen Jahren war es die Aquarellmalerei, auch übte sie sich im Bleistiftzeichnen und im Linolschnitt. Ursula Karge hat ein Auge für Motive. Sie entdeckt bedrucktes Papier unterschiedlicher Grammatur, das sie in Zeitungen, Zeitschriften, Werbebroschüren oder Kalenderblättern findet, als Material, um damit Bilder zu gestalten. Seit zehn Jahren widmet sie sich dieser Technik, nach Farben sortiert harren die papiernen Fragmente in Kartons ihrer Verarbeitung. Jedes ihrer Bilder ist ein Unikat und erfordert Akribie und Geduld, da das Papier von ihr per Hand in unterschiedliche Größen gerissen wird.
Schon bei diesem Vorgang sieht sie die passende Verwendung in ihren kleinen Kunstwerken, die nicht nur Kirchen, sondern auch Blumen, Blüten und Landschaften abbilden. Bei dickerem Papiermaterial beispielsweise entsteht durch ausgefranste Schnipselränder eine besondere Wirkung. Für winterliche Abbildungen wiederum eignen sich Schnipsel mit dicken weißen Rändern, weil damit Schnee dargestellt werden kann. Damit die Ansichten späterhin plastisch wirken, klebt Ursula Karge mehrere Schnipselschichten übereinander – so lange, bis die Darstellung dem Ausgangsmotiv entspricht. In dieser Publikation stellen wir ostfriesische Gotteshäuser vor, die Ursula Karge in Szene gesetzt hat – dabei hat sie sich durch verschiedene Vorlagen inspirieren lassen. Auch Bleistiftzeichnungen finden sich auf den folgenden Seiten.

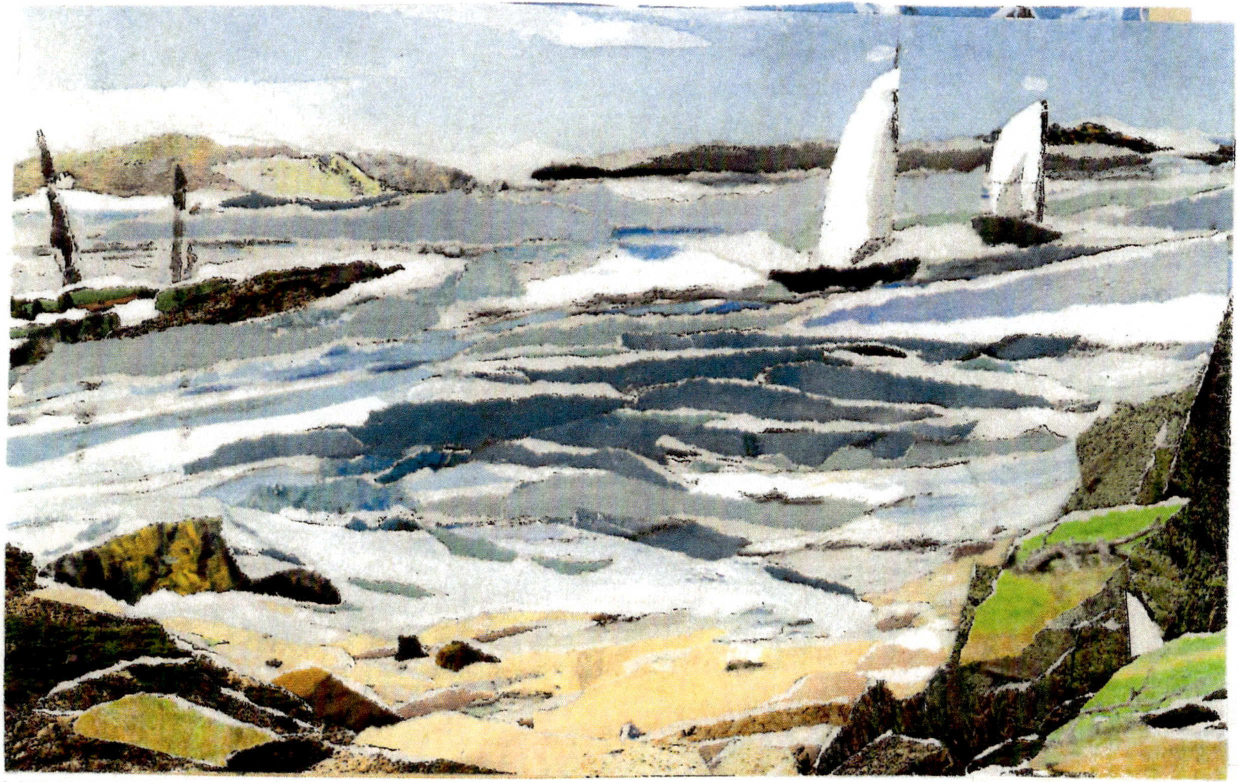

Bonifatius-Kirche

Arle, evangelisch-lutherisch

Erbaut	Um 1200
Besonderheit	Geschnitzter Flügelaltar und Sakramentshaus aus der Spätgotik; Glockenturm von 1887

Orgel

Bauzeit	1799
Bedeutung	Regional
Erbauer	H. J. Müller und J. G. Rohlfs

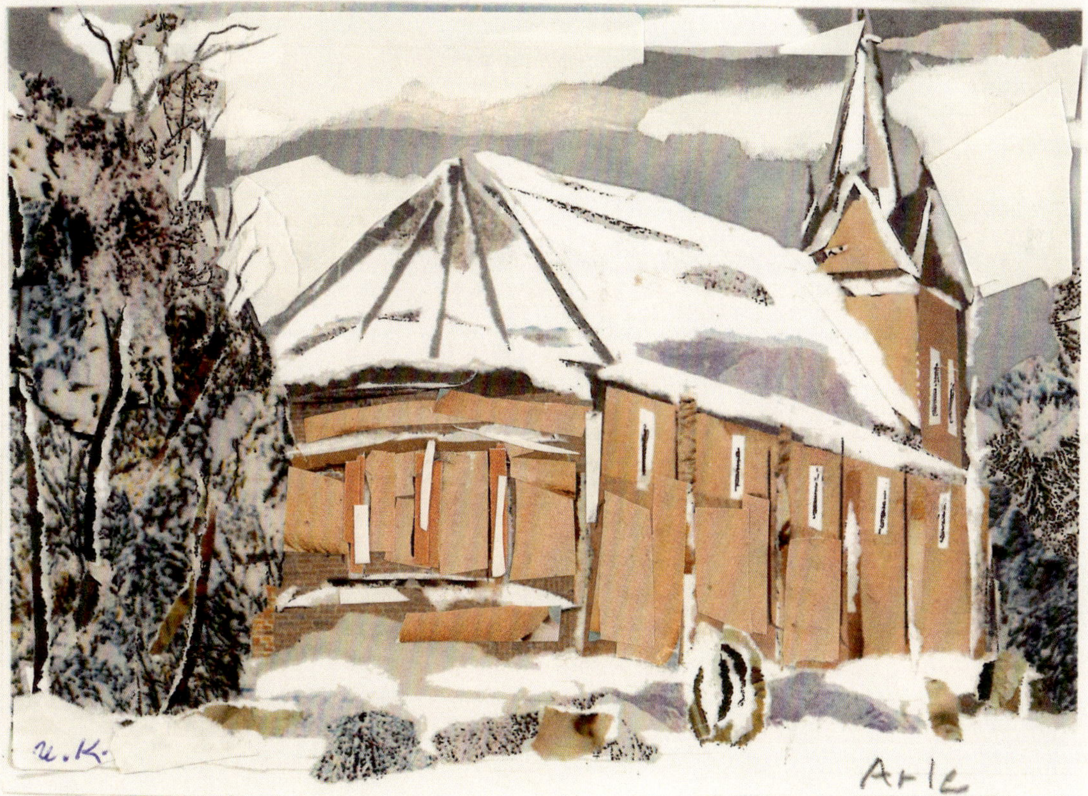
u. K.
Arle

Alte Inselkirche

Baltrum, evangelisch-lutherisch

Erbaut	1826
Besonderheit	Nutzung für Kasualien und kulturelle Veranstaltungen; Glockenstuhl gilt als Inselwahrzeichen

Orgel

Bauzeit	1950
Erbauer	H. Hillebrand

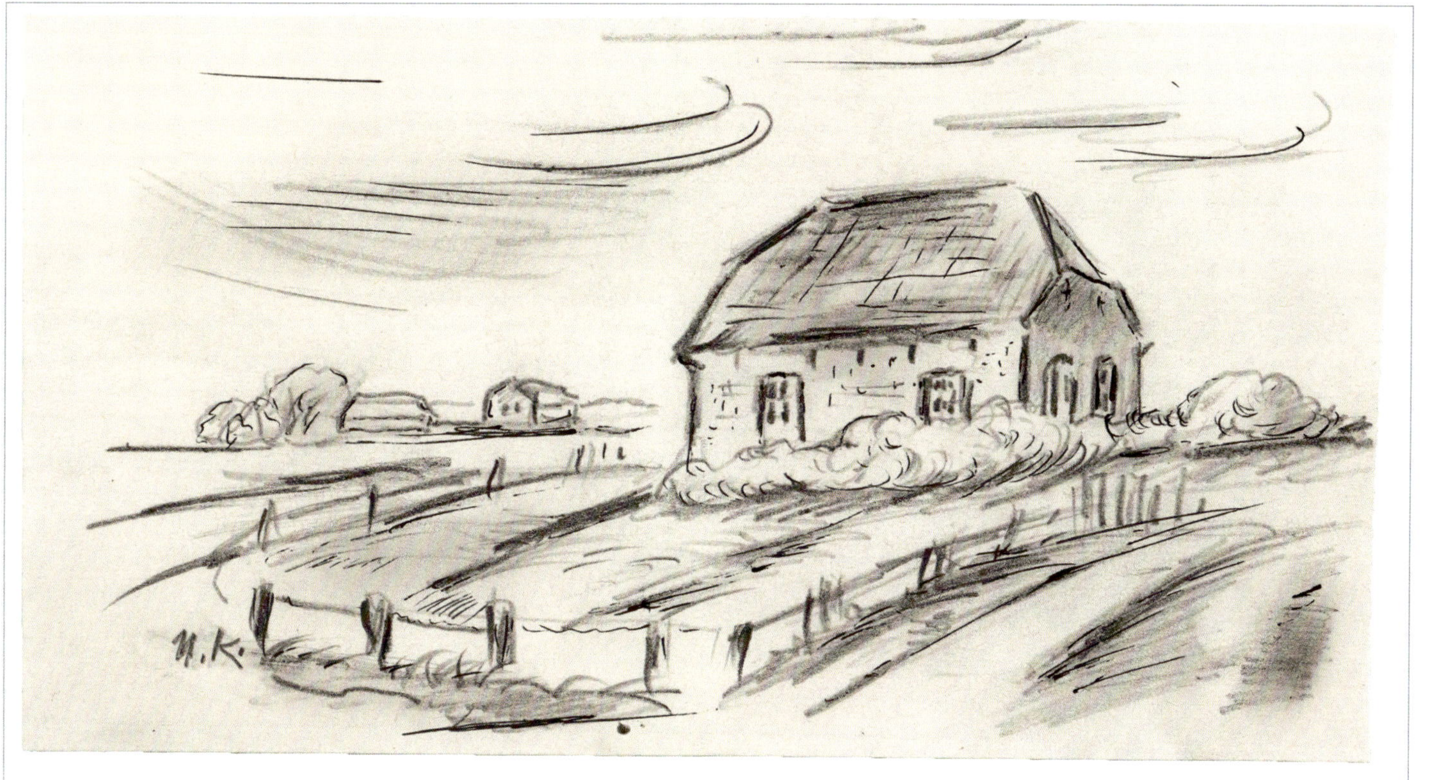

Inselkirche

Baltrum, evangelisch-lutherisch

Erbaut	1929/1930

Orgel

Bauzeit	1961
Erbauer	A. Führer

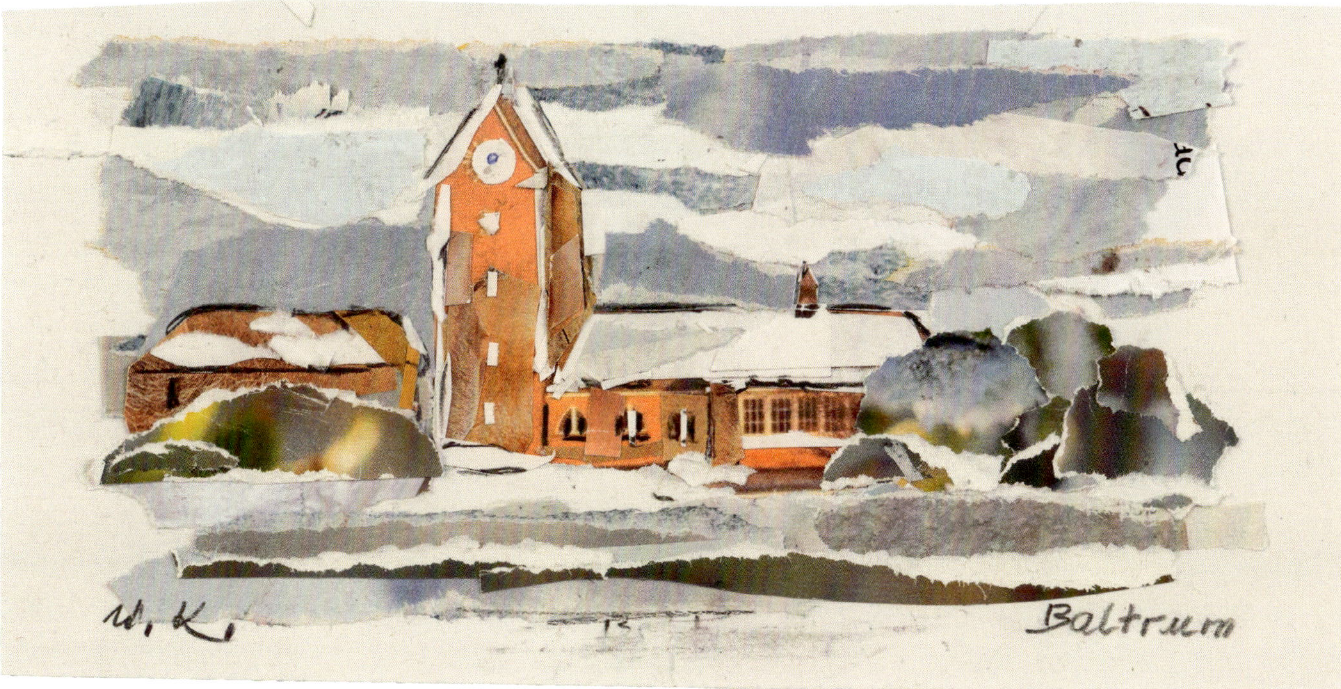
W. K.
Baltrum

Bargeburer Kirche

Bargebur, evangelisch

Erbaut	1684
Besonderheit	Erbaut gegen massiven Widerstand Norder Lutheraner; Prieche und Erbbegräbnis der Familie zu Inn- und Knyphausen

Orgel

Bauzeit	1864
Erbauer	W. Beckmann

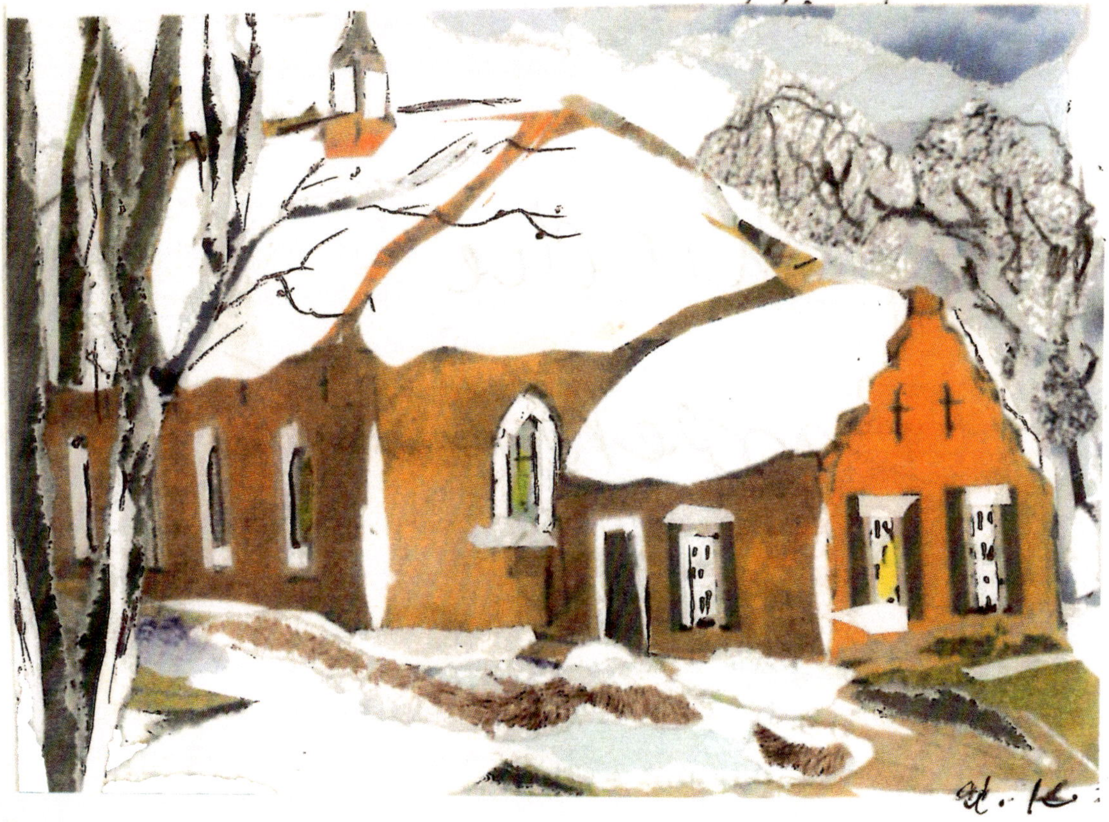

Berumerfehner Kirche

Berumerfehn, evangelisch-lutherisch

Erbaut	1895
Besonderheit	Erbaut für die Bewohner der neuen Fehnkolonie; 1960 Anbau Glockenturm

Orgel

Bauzeit	1959/1960
Erbauer	A. Führer

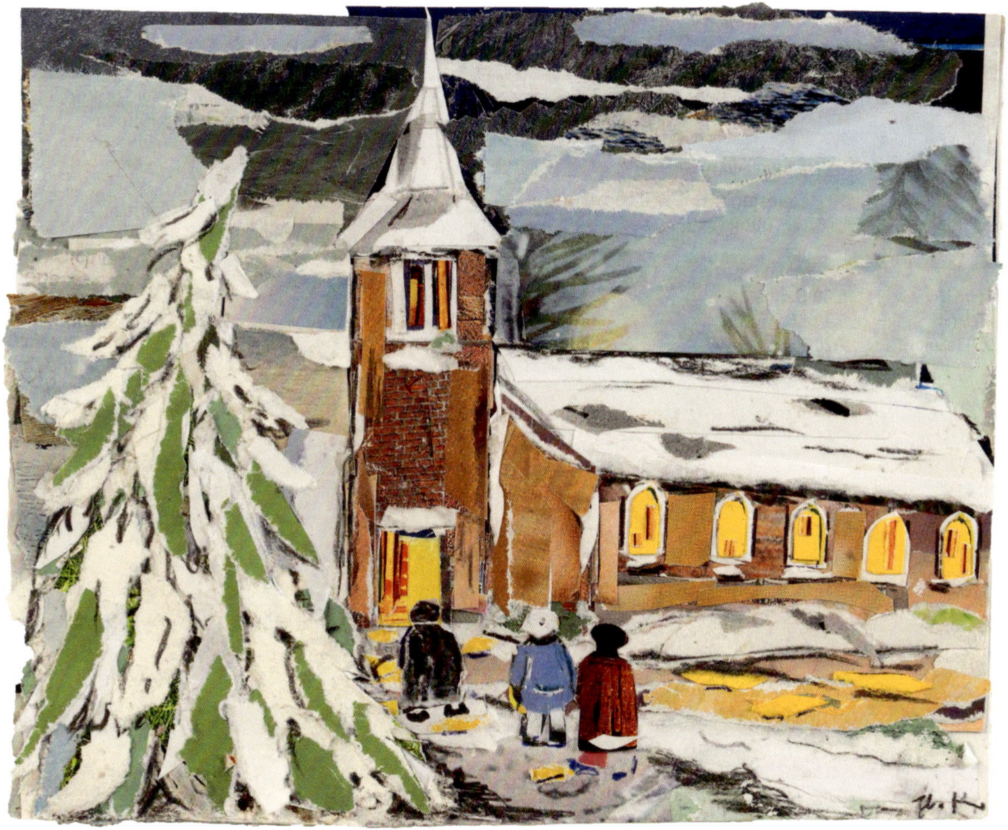

Reformierte Kirche

Campen, evangelisch-reformiert

Erbaut	Ende 13. Jahrhundert
Besonderheit	Freistehender Turm mit einer der ältesten Glocken Ostfrieslands von 1295; mittelalterliche Malereien im Domikalgewölbe

Orgel

Bauzeit	1835
Bedeutung	Lokal
Erbauer	Unbekannt

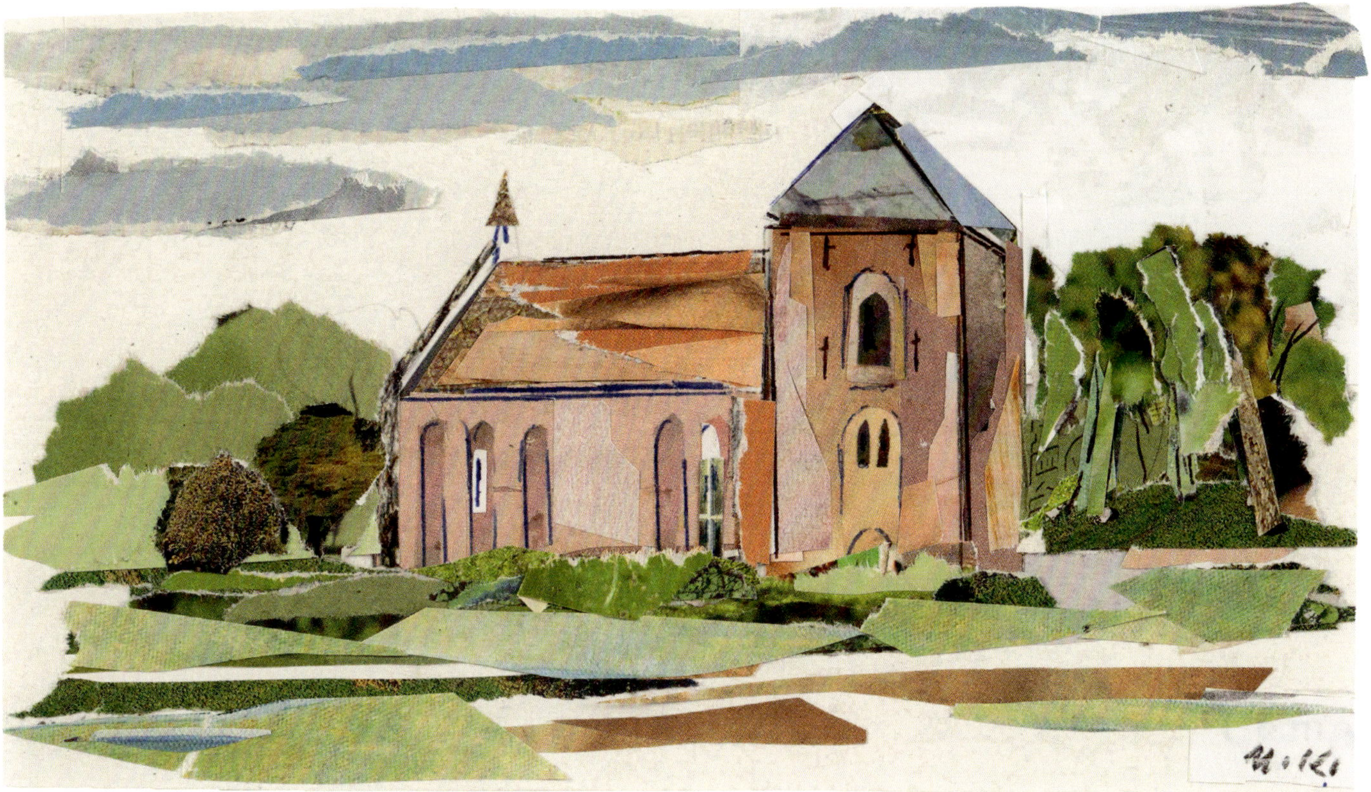

St.-Bartholomäus-Kirche

Dornum, evangelisch-lutherisch

Erbaut	1270/1290
Besonderheit	Freistehender Glockenturm (13. Jh.); prächtige Aussttattung sowie Grablege derer von Closter

Orgel

Bauzeit	1710/1711
Bedeutung	Europäisch
Erbauer	G. von Holy

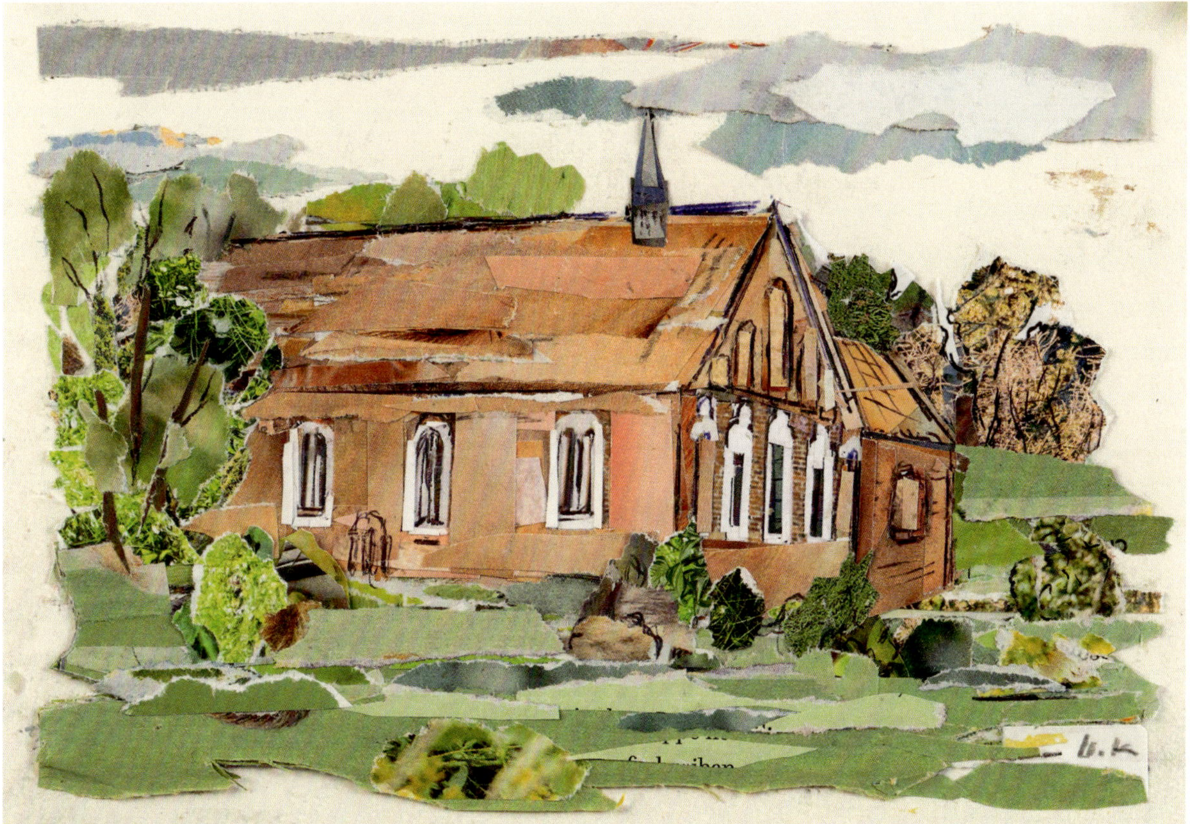

St. Johannes der Täufer

Engerhafe, evangelisch-lutherisch

Erbaut	1260/1290
Besonderheit	Mit einst 60 Metern fast doppelt so lang wie heute; freistehender Glockenturm (13. Jh.); 1775 Einsturz der Gewölbe; Kanzel von 1636; Bronzetaufe von 1646; Altar von 1698

Orgel

Bauzeit	1971/1973; Prospekt von 1774/1776
Erbauer	Gebr. Hillebrand

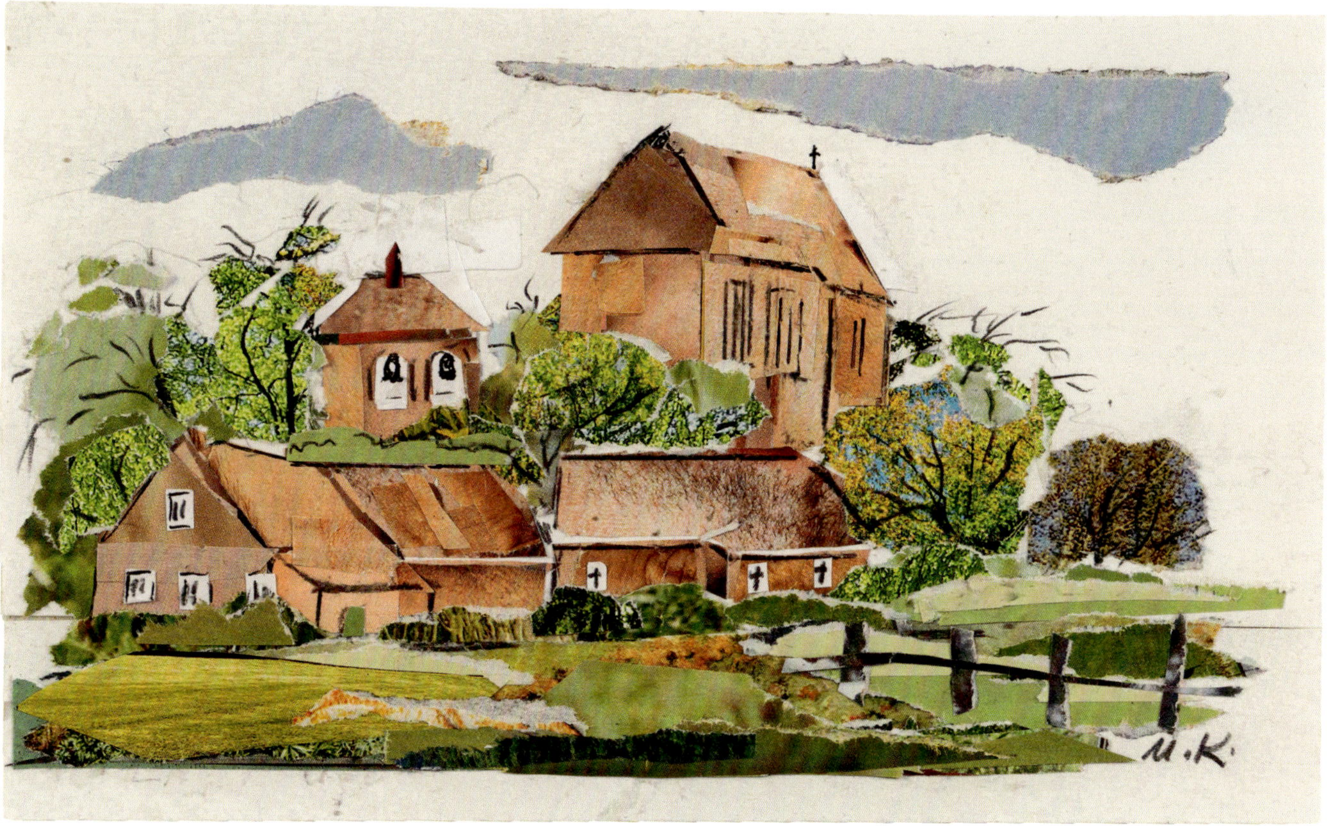

Greetsieler Kirche

Greetsiel, evangelisch-reformiert

Erbaut	1380/1410
Besonderheit	Kanzel von 1669; Cirksena/Wasa-Wappen über dem Eingang

Orgel

Bauzeit	1960; Prospekt von 1738
Erbauer	K. Schuke Berliner Orgelbauwerkstatt

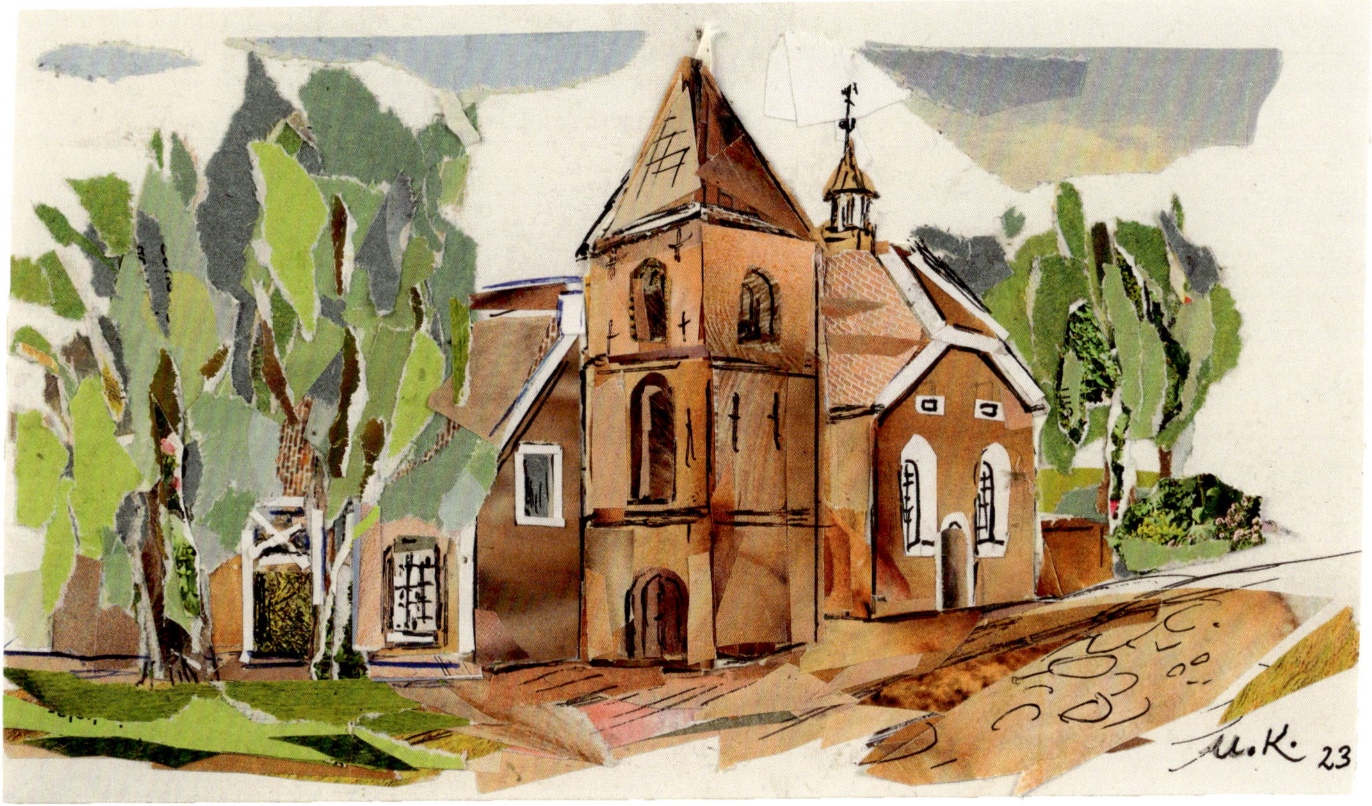
M.K. 23

Groothuser Kirche

Groothusen, evangelisch-reformiert

Erbaut	Um 1425
Besonderheit	Turm von 1225; sandsteinumfasste Turmuhr mit Wappen von 1599; älteste Bronzetaufe Ostfrieslands von 1454

Orgel

Bauzeit	1798/1801
Bedeutung	Überregional
Erbauer	J. Fr. Wenthin

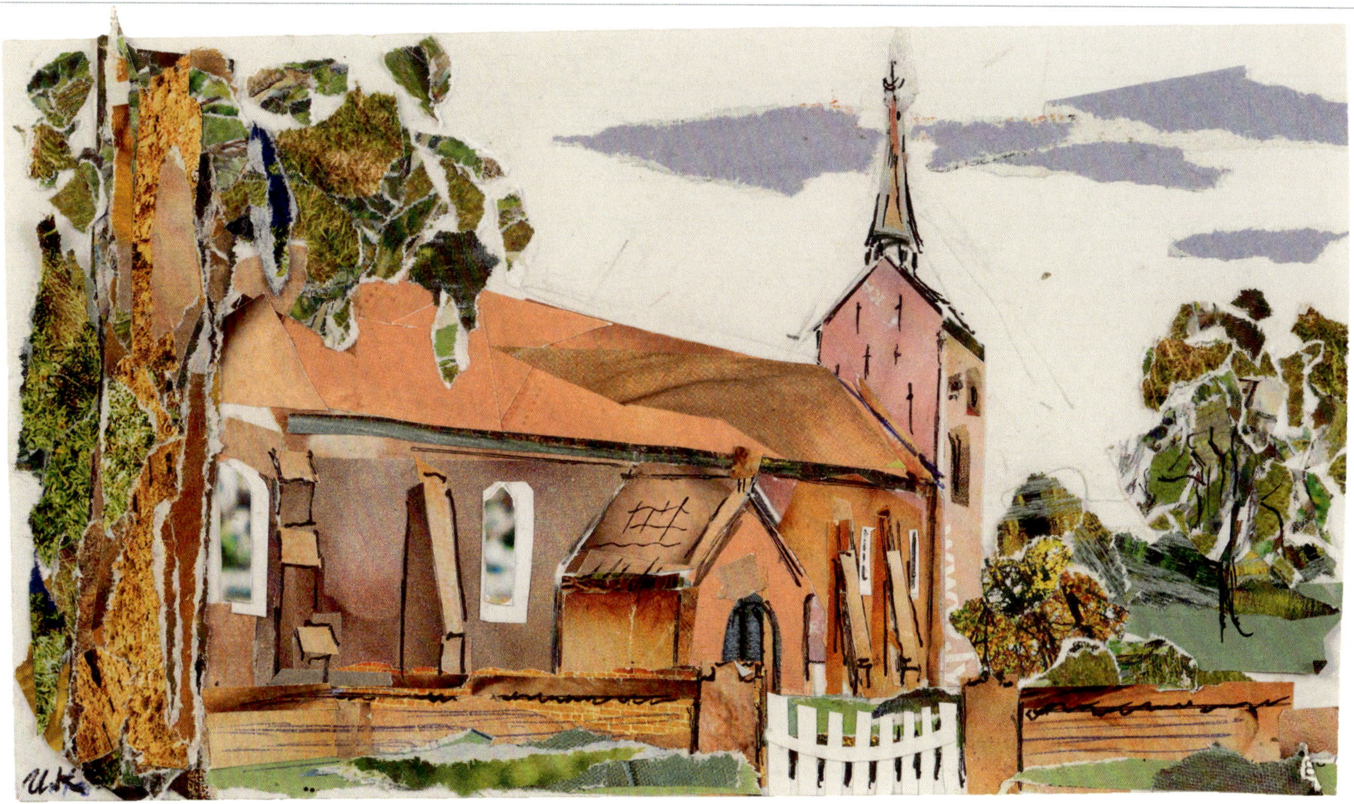

St.-Ansgari-Kirche

Hage, evangelisch-lutherisch

Erbaut	1220/1240
Besonderheit	Wuchtiger Westturm (vor 1250); Taufstein (13. Jh.); Altar um 1480; Levitenstuhl um 1500

Orgel

Bauzeit	1776/1783
Bedeutung	Regional
Erbauer	D. Lohmann

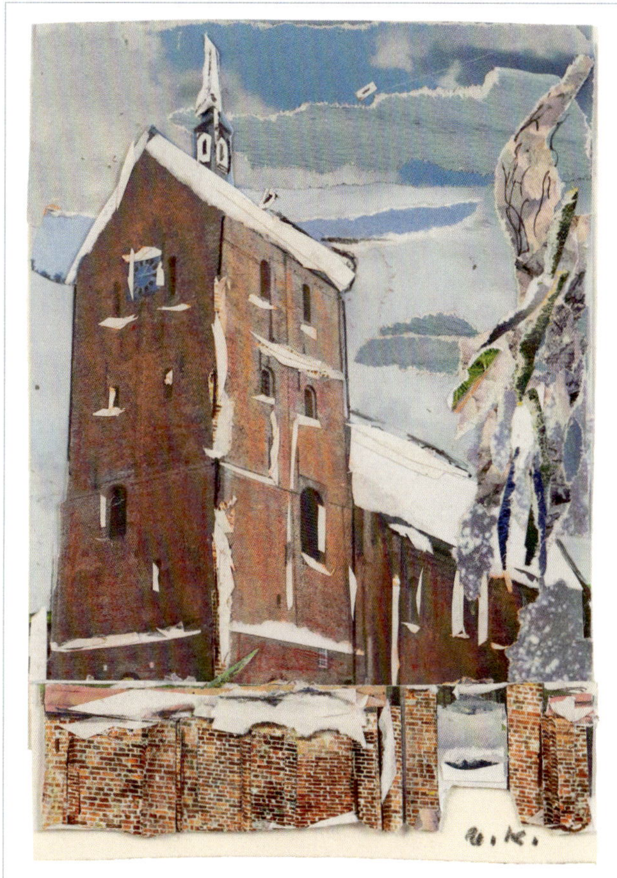

St.-Maria-Kirche

Hamswehrum, evangelisch-reformiert

Erbaut	1968
Besonderheit	1967 Abbruch der Kirche (15. Jh.), kleiner Glockenturm erhalten

Orgel

Bauzeit	1969
Erbauer	J. Reil

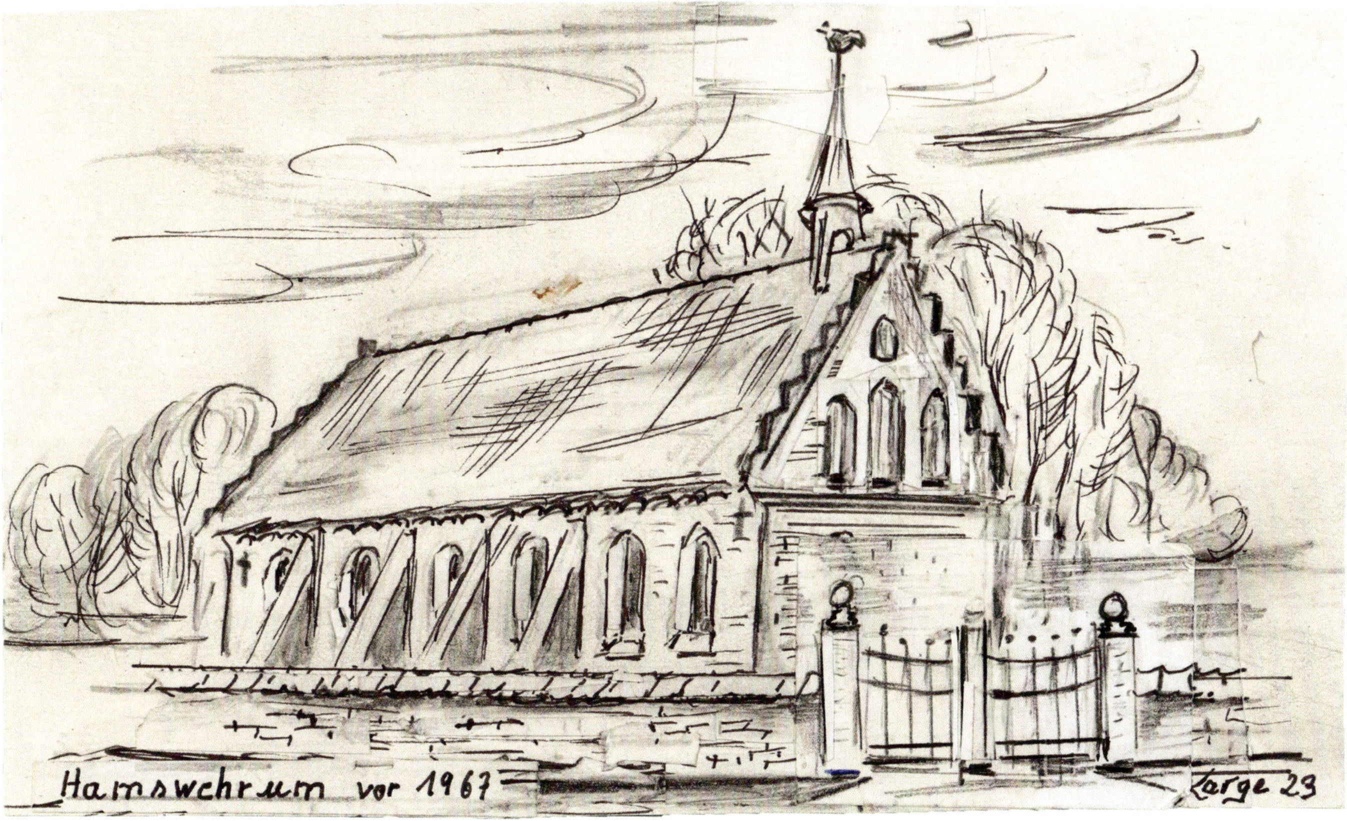
Hamswehrum vor 1967
Zarge 23

Ev.-ref. Kirche Hinte

Hinte, evangelisch-reformiert

Erbaut	Ende 15. Jahrhundert
Besonderheit	Bedeutendes Kirchenbauwerk der Spätgotik; Glockenturm (13. Jh.); einzigartiges Ensemble mit Burg Hinta

Orgel

Bauzeit	1958; Prospekt von 1780
Erbauer	Ahrend & Brunzema

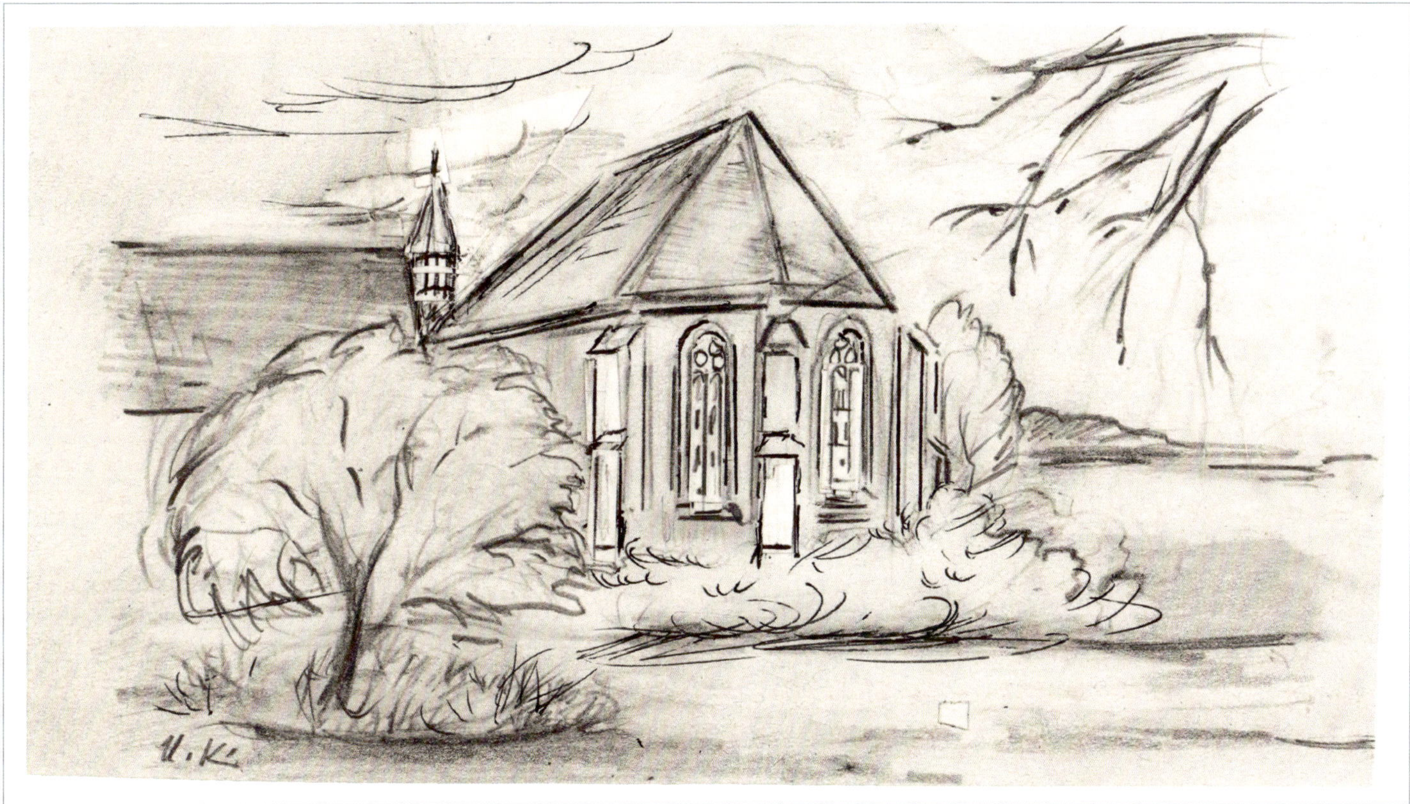

Jennelter Kirche

Jennelt, evangelisch-reformiert

Erbaut	2. Hälfte 13. Jahrhundert
Besonderheit	Gruft der Familie zu Inn- und Knyphausen mit Prunksarg von Occa Johanna von Ripperda (1619–1686), Oberhofmeisterin am schwedischen Königshof

Orgel

Bauzeit	1738
Bedeutung	Überregional
Erbauer	J. F. Constapel

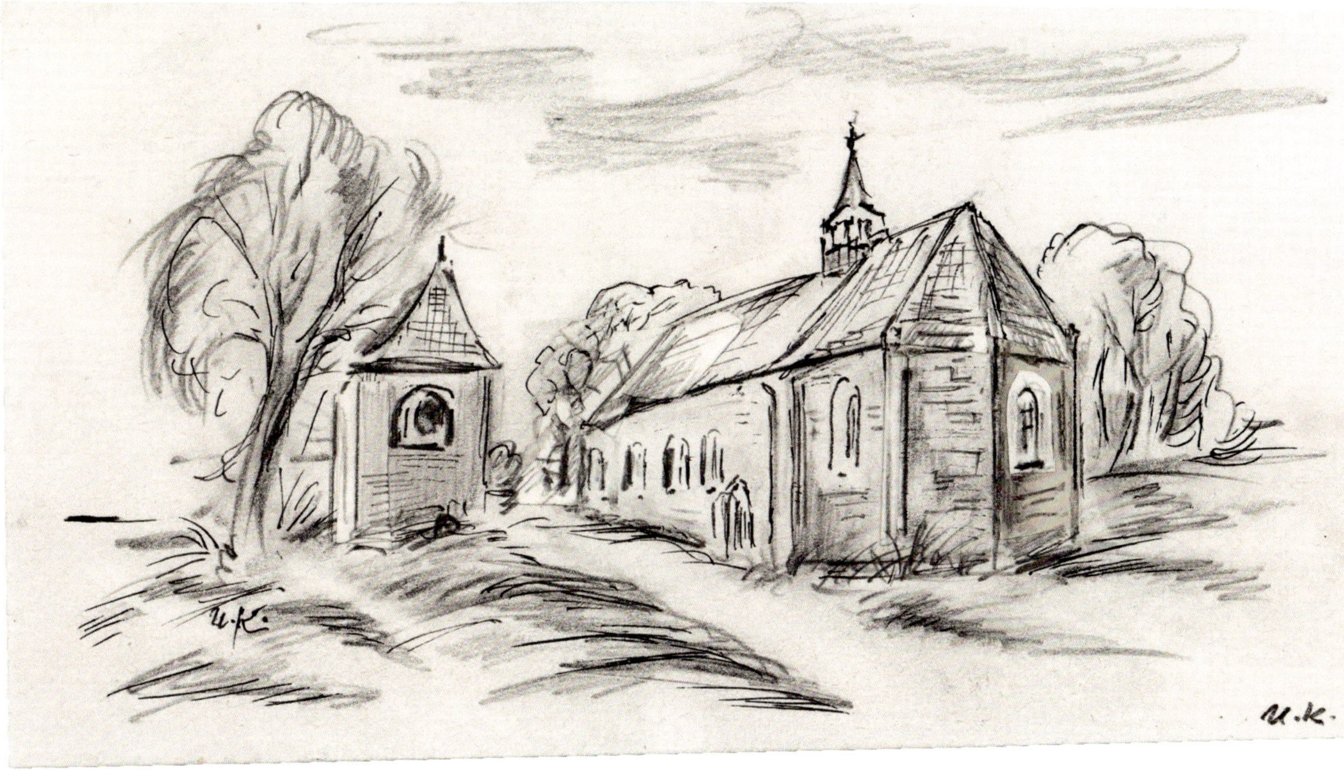
U.K.
U.K.

Inselkirche

Juist, evangelisch-lutherisch

Erbaut	1964
Besonderheit	Fünf Vorgängerbauten, vier durch Sturmfluten zerstört; erstes Gotteshaus entstand um 1400

Orgel

Bauzeit	1968
Erbauer	A. Führer

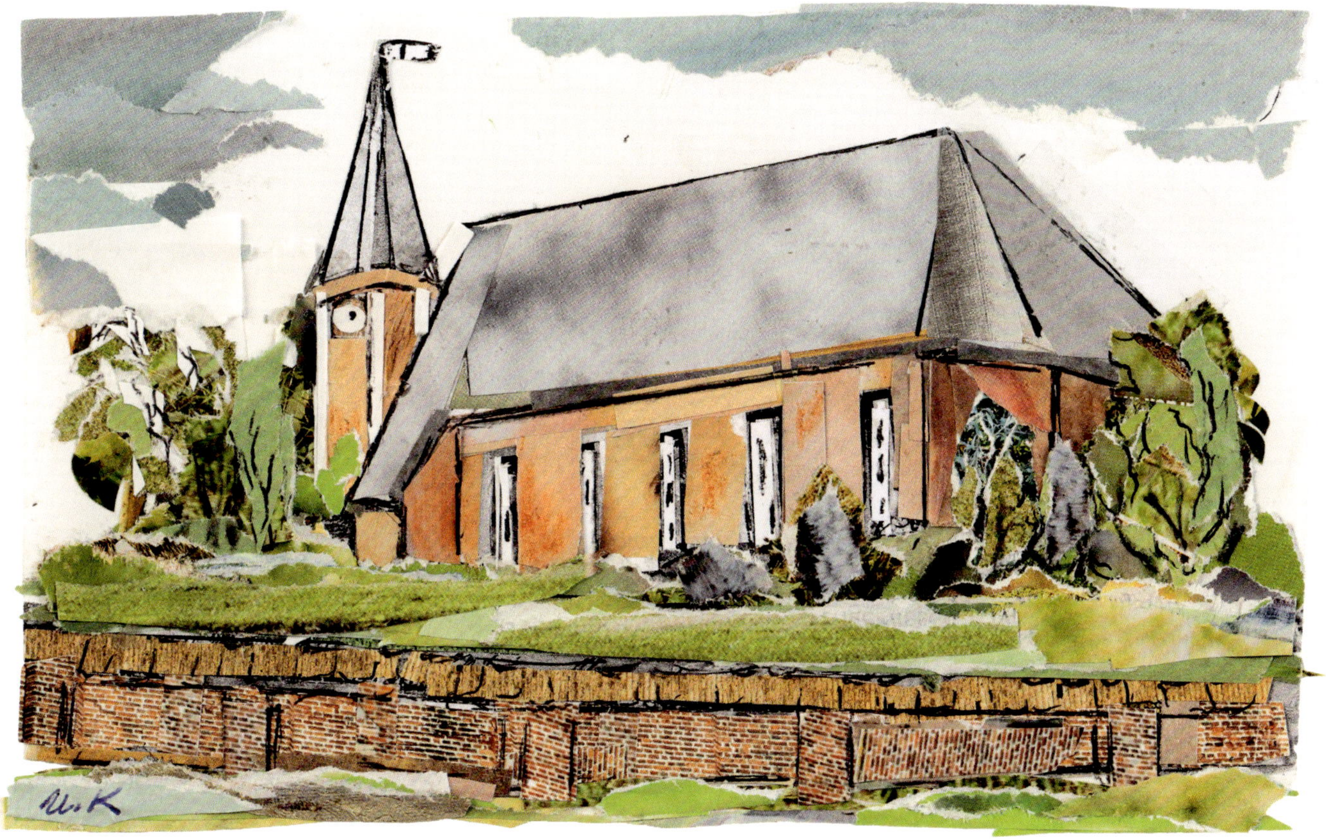

Inselkirche

Langeoog, evangelisch-lutherisch

Erbaut	1888/1890
Besonderheit	Fünfter Kirchenbau ersetzte kleineren Vorgängerbau von 1859; Altarbild von 1989, Künstler Hermann Buß (Leer)

Orgel

Bauzeit	1992
Erbauer	A. Führer

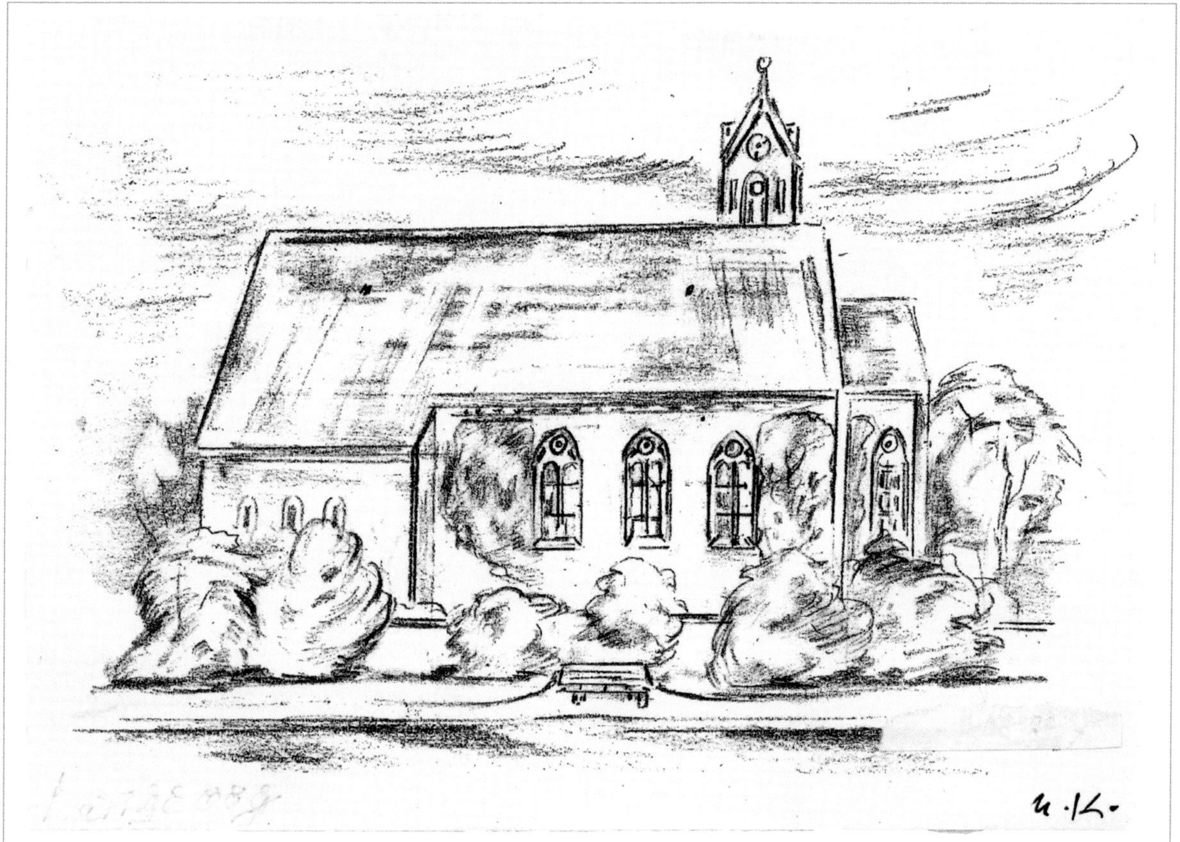

Martin-Luther-Kirche

Leybucht, ökumenisch

Erbaut	1969
Besonderheit	Die Kirchengemeinde Leybucht bildete sich 1952 aus den Orten Leybuchtpolder, Sommerpolder und Neuwesteel; ökumenische Zusammenarbeit von reformierten und lutherischen Christen; seit 2020 Dorfgemeinschaftshaus „Lüttje Kark"

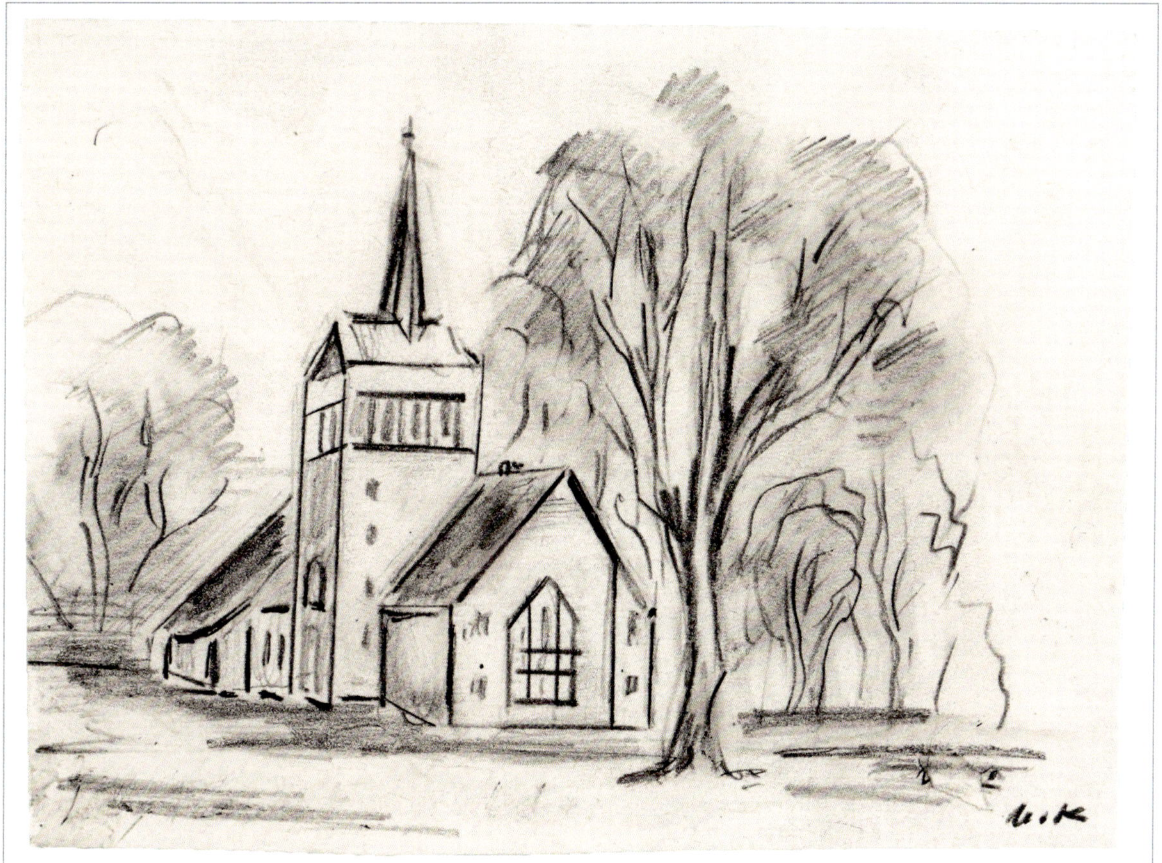

Marienkirche

Marienhafe, evangelisch-lutherisch

Erbaut	1240/1260
Besonderheit	Bis zum Teilabbruch 1829 größter Sakralbau Ostfrieslands; der Sage nach Unterschlupf Klaus Störtebekers (um 1396); Turmmuseum

Orgel

Bauzeit	1710/1713
Bedeutung	Europäisch
Erbauer	G. von Holy

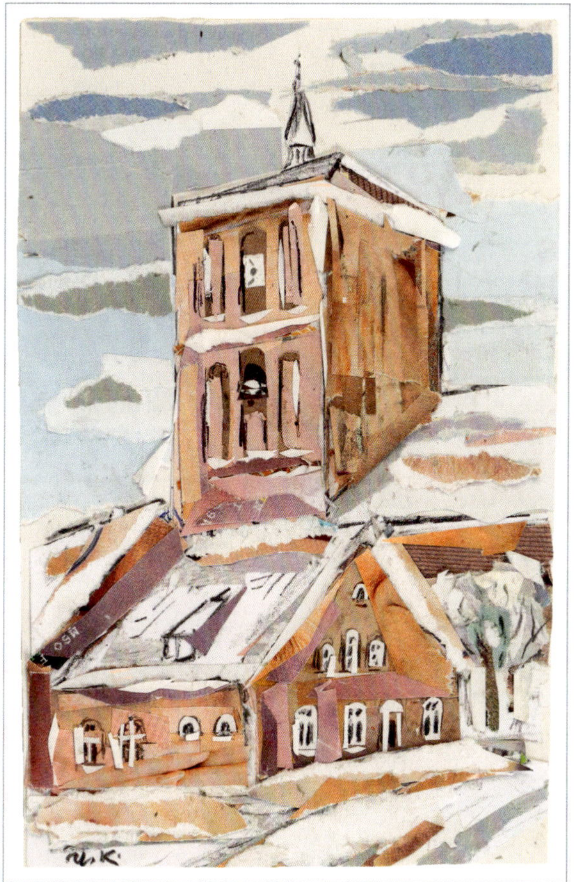

St.-Marien-Kirche

Nesse, evangelisch-lutherisch

Erbaut	Um 1200
Besonderheit	Westseite aus Tuffstein; Taufstein (13. Jh., Original im Ostfriesischen Landesmuseum Emden); steinerner Lettner (15. Jh.); Ensemble mit Steinhaus

Orgel

Bauzeit	1986/1988; Prospekt von 1862
Erbauer	Geb. Hillebrand

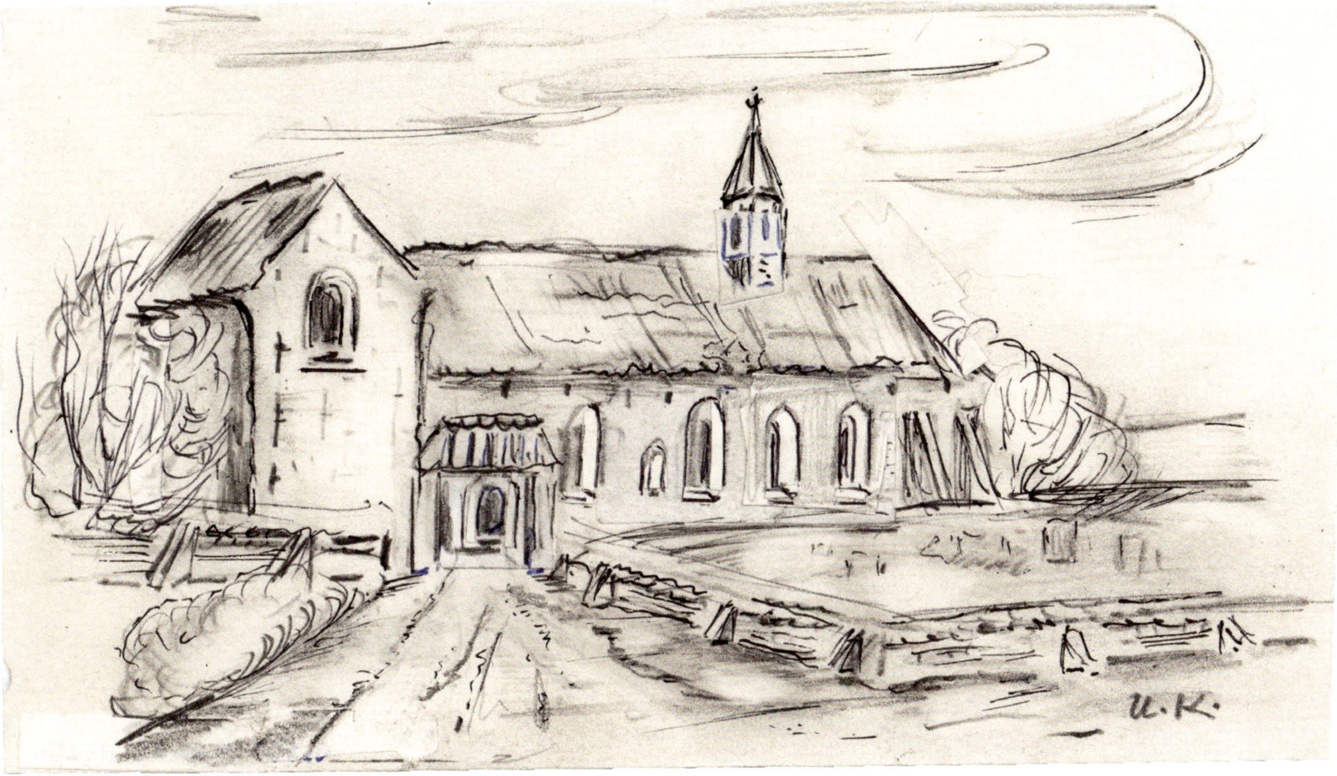
U.K.

Andreas-Gemeindezentrum

Norden, evangelisch-lutherisch

Erbaut 1996

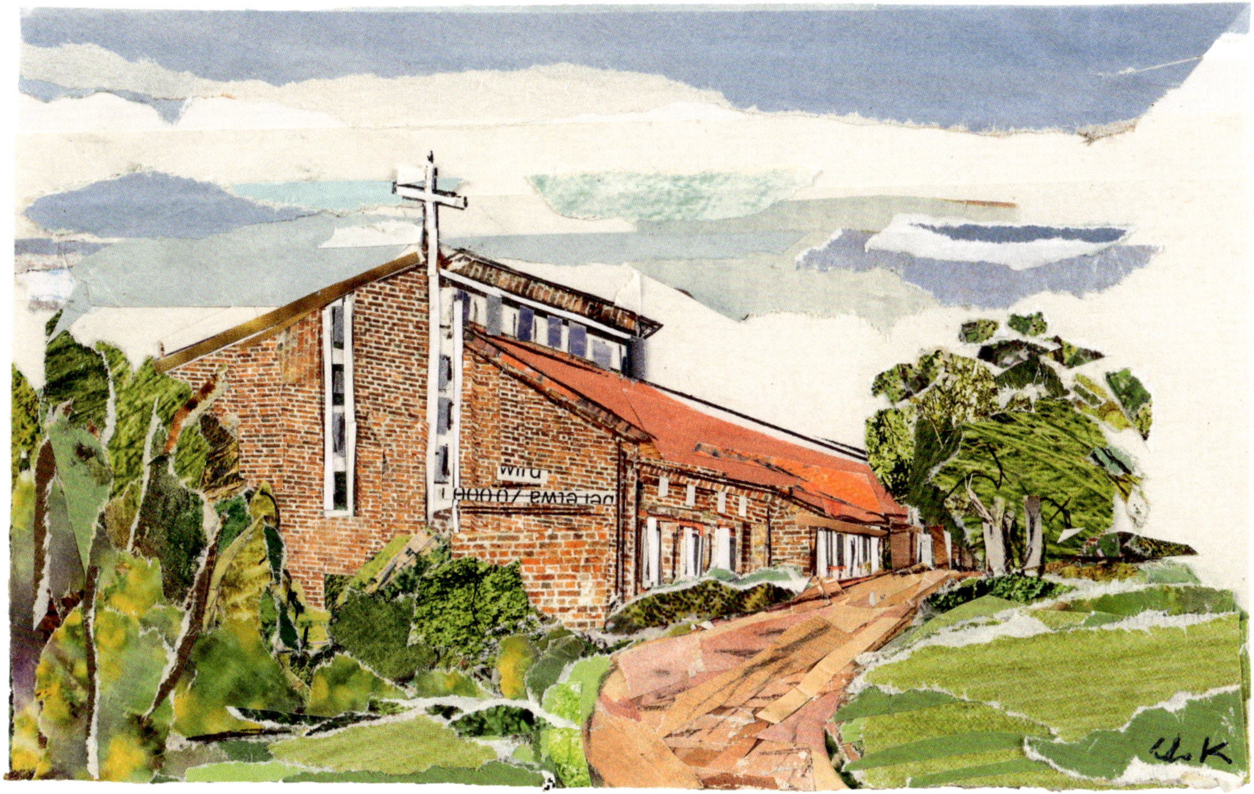
wird

Ludgeri

Norden, evangelisch-lutherisch

Erbaut	13. Jahrhundert/15. Jahrhundert
Besonderheit	Größter mittelalterlicher Sakralbau Ostfrieslands; reiche Ausstattung; Chorgestühl, Sakramentshaus und Hochaltar (15. Jh.); Epitaph des Unico Manninga

Orgel

Bauzeit	1686/1688; erweitert 1691/1692
Bedeutung	Europäisch
Erbauer	Arp Schnitger

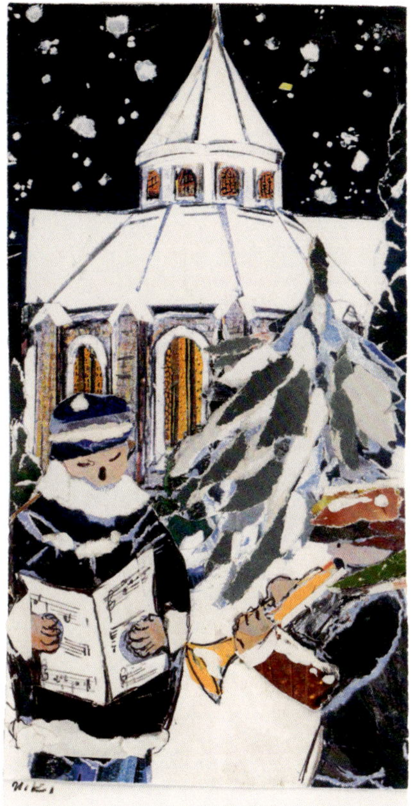

Mennonitenkirche

Norden

Erbaut	1662
Besonderheit	Einstiges Patrizierhaus (Kettler'sches Haus), nach Umbauten ab 1795 Kirche der mennonitischen Gemeinde; Innenarchitektur vom Rokkoko geprägt; kleiner Dachturm ohne Geläut

Orgel

Bauzeit	1900
Erbauer	Gebr. Link

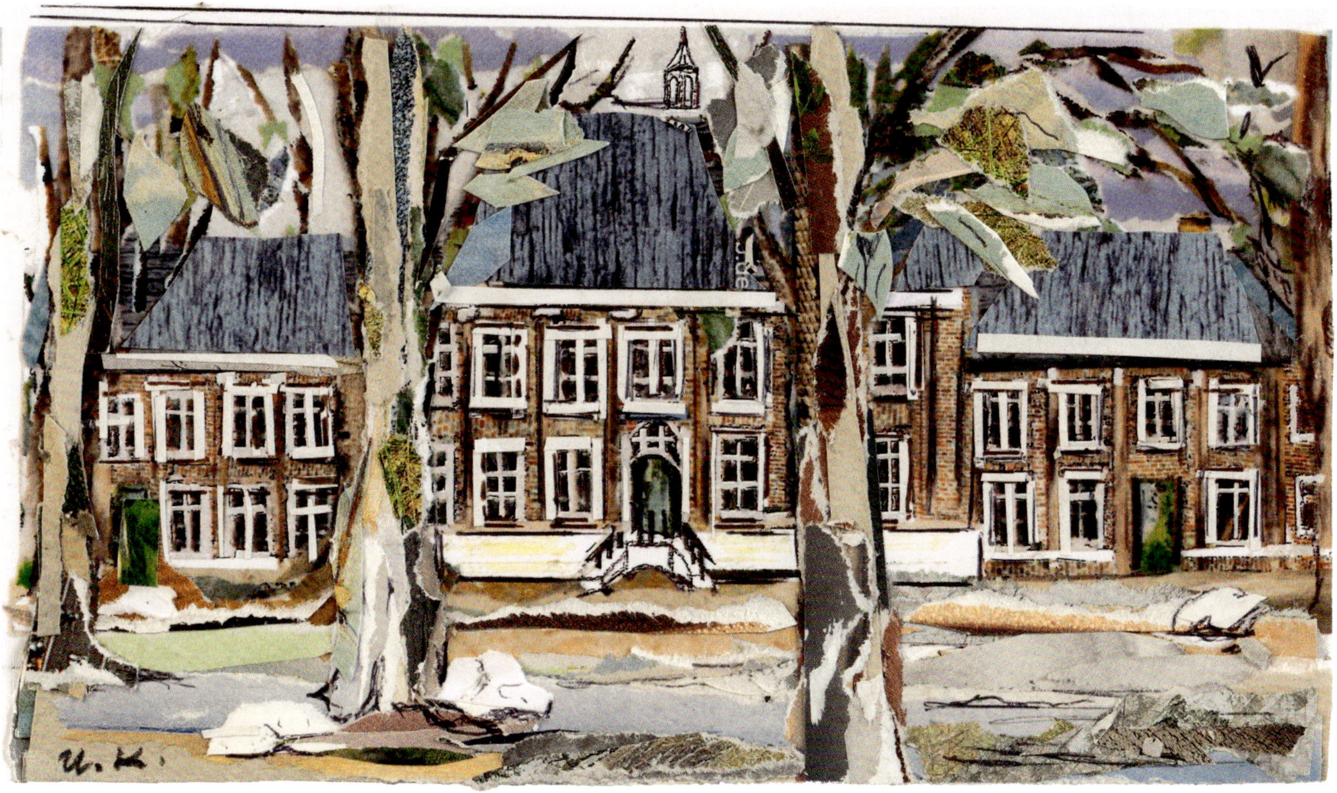

St.-Ludergerus-Kirche

Norden, katholisch

Erbaut	1885
Besonderheit	Freie Religionsausübung per Dekret Friedrichs II. ermöglichte 1779 Errichtung kleiner Kapelle; 1864 Bau von Pfarrhaus mit Kapelle

Orgel

Bauzeit	2007; Prospekt von 1890
Erbauer	Westfälischer Orgelbau S. Sauer

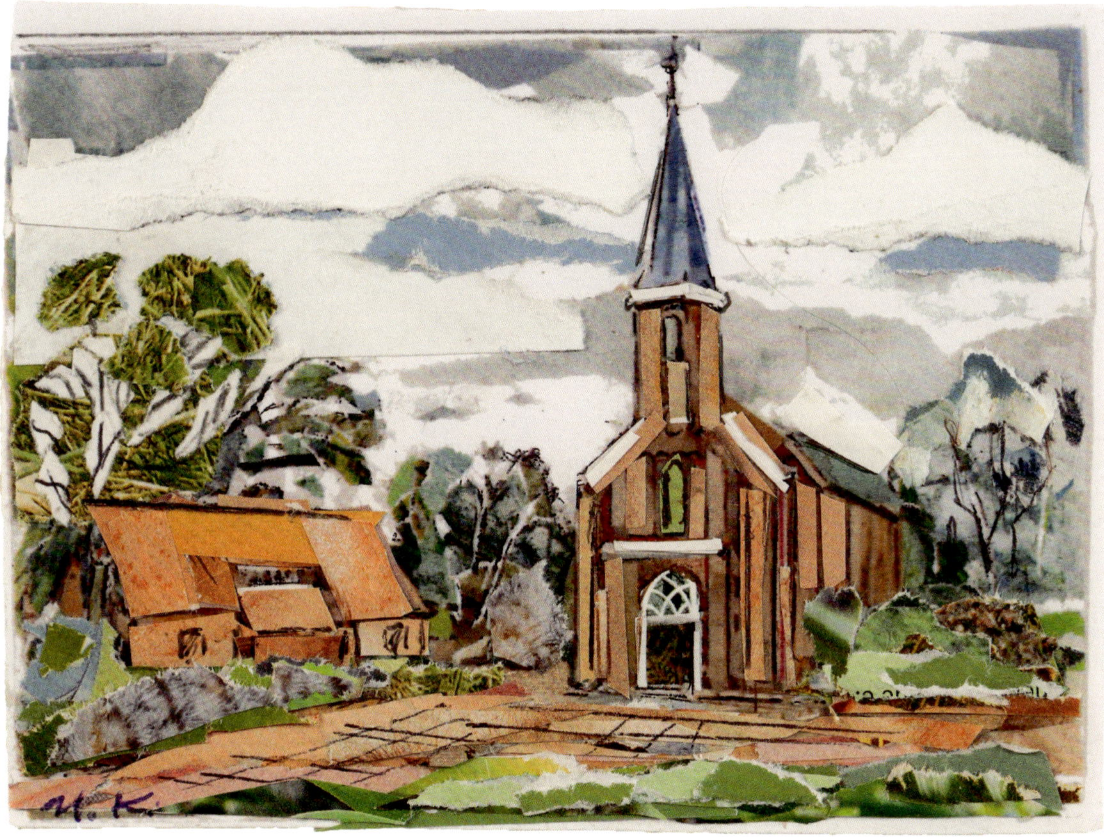

Arche

Norddeich, evangelisch-lutherisch

Erbaut 1975

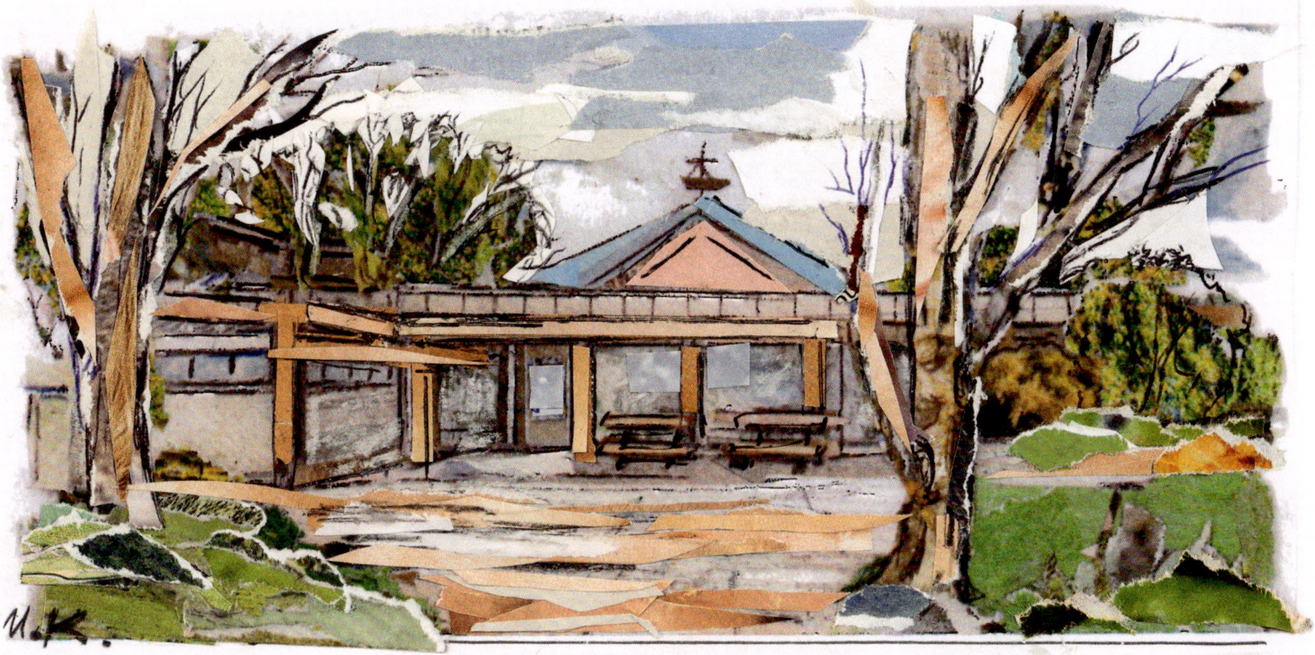
U.K.

Evangelische Inselkirche

Norderney, evangelisch-lutherisch

Erbaut	1879
Besonderheit	Kaiser Wilhelm I. stiftete Baukosten; erste Kirche von 1517; erweitert 1750

Orgel

Bauzeit	2008
Erbauer	H. D. Kirschner

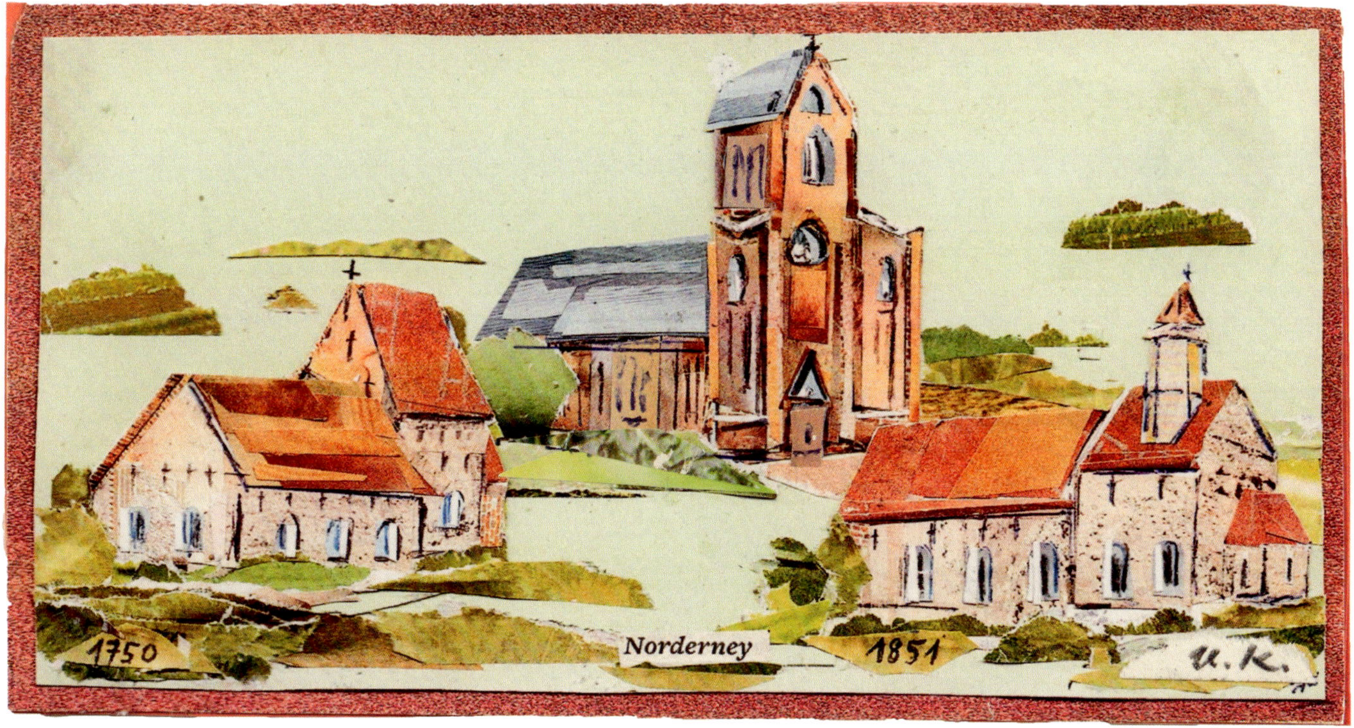
1750
Norderney
1851
U. K.

Warnfried-Kirche

Osteel, evangelisch-lutherisch

Erbaut	13. Jahrhundert
Besonderheit	1830 Teilabbruch und Verkürzung; 1891 Einbau Kassettendecke und Turmkürzung; Kanzel von 1699; Denkmal für Astronom David Fabricius (1564–1617)

Orgel

Bauzeit	1619
Bedeutung	Europäisch, zweitälteste Orgel Ostrieslands
Erbauer	E. Evers

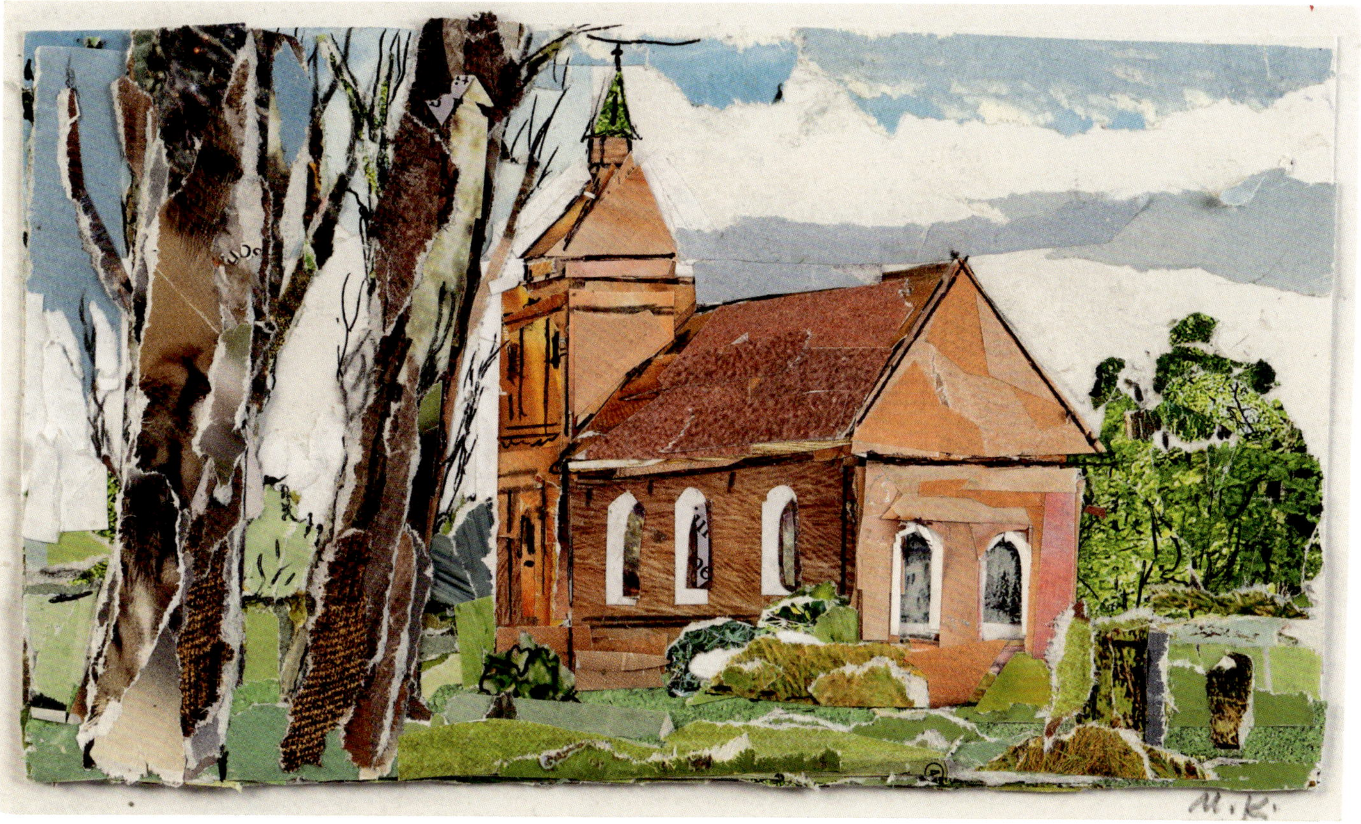

Nicolai-Kirche

Pewsum, evangelisch-lutherisch

Erbaut	15. Jahrhundert
Besonderheit	Grabplatte der Häuptlingsfrau Tetta Manninga (1562); Kanzel von 1618; 1862 Kirchensanierung und -umbau

Orgel

Bauzeit	1969
Erbauer	H. Hillebrand

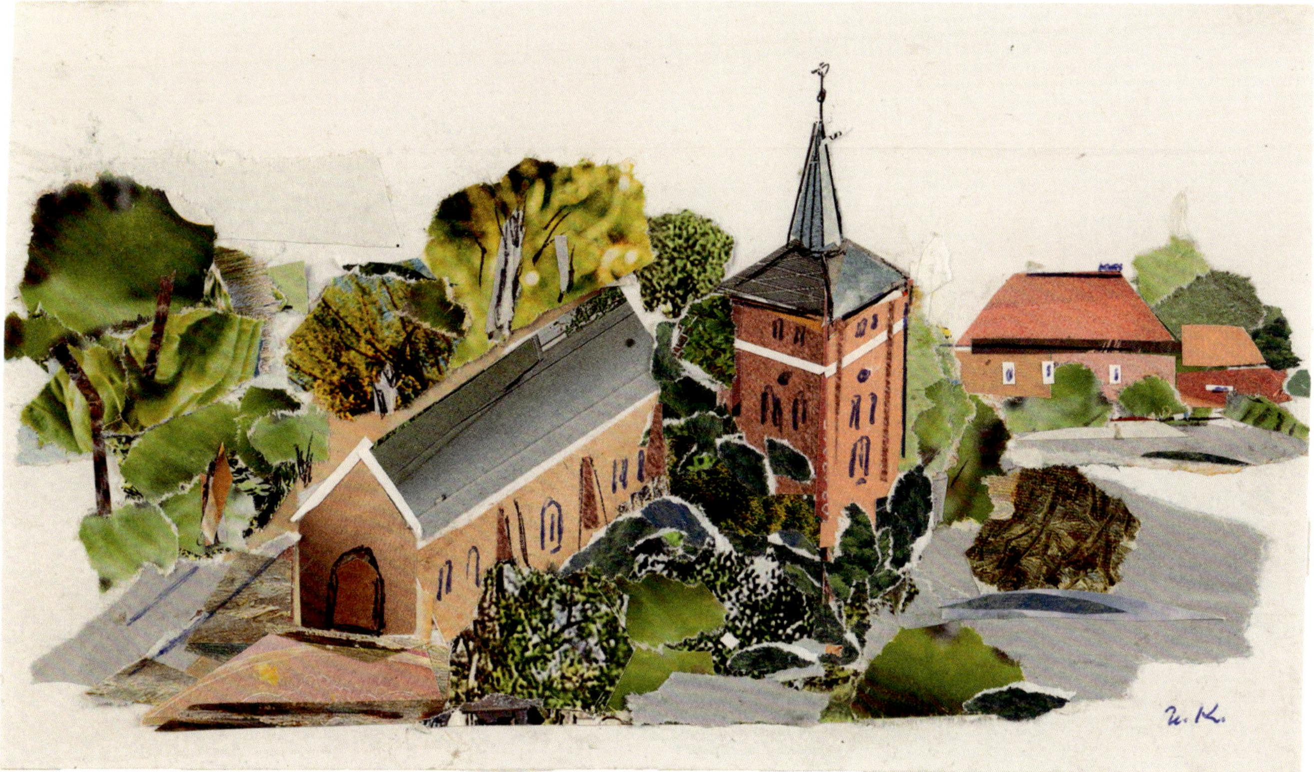

Pilsumer Kreuzkirche

Pilsum, evangelisch-reformiert

Erbaut	Ende 13. Jahrhundert
Besonderheit	Vierungsturm; Deckenmalereien (14. Jh.); Bronze-Taufbecken von 1469; Kanzel von 1704

Orgel

Bauzeit	1694
Bedeutung	Europäisch
Erbauer	V. U. Grotian

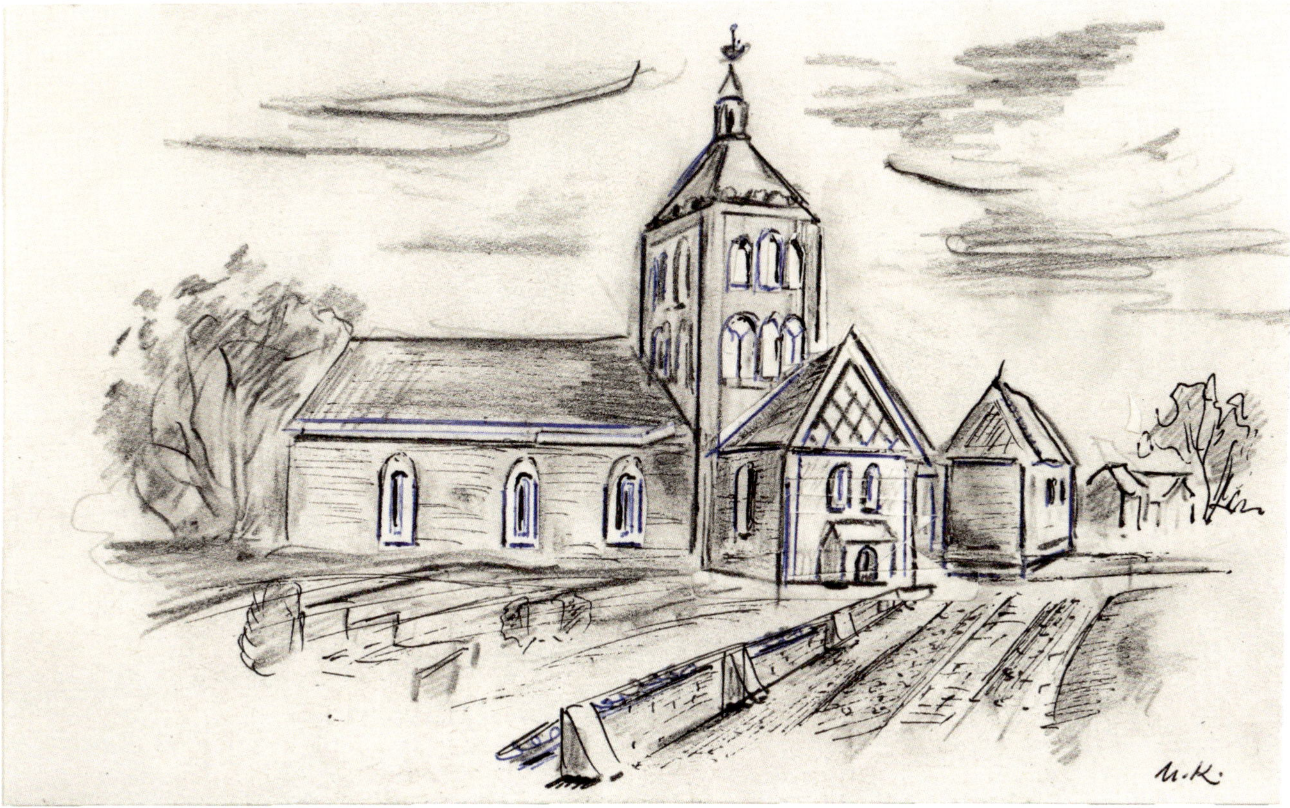

U. K.

Roggensteder Kirche

Roggenstede, evangelisch-lutherisch

Erbaut	Mitte 13. Jahrhundert
Besonderheit	Kruzifix (um 1350); Sakramentshaus (15. Jh.); Schriftaltar (16. Jh.); freistehender Turm mit Glocke von 1627

Orgel

Bauzeit	1827/1833
Bedeutung	Regional
Erbauer	J. G. Rohlfs

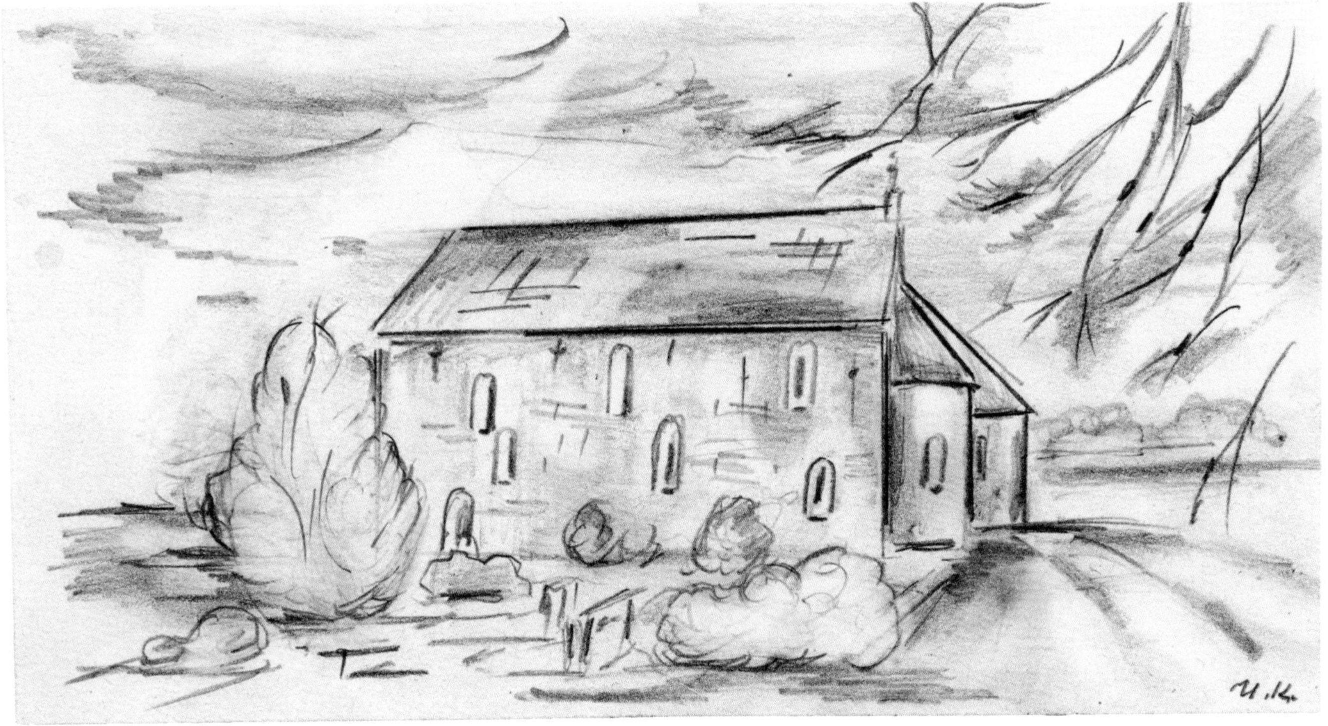

St.-Martin-Kirche

Remels, evangelisch-lutherisch

Erbaut	Anfang 13. Jahrhundert
Besonderheit	Kirchenschiff aus Granitquadern; Taufstein um 1270; Altar von 1667; Kirchturm von 1898 (53,50 Meter)

Orgel

Bauzeit	1782
Bedeutung	Regional
Erbauer	H. J. Müller

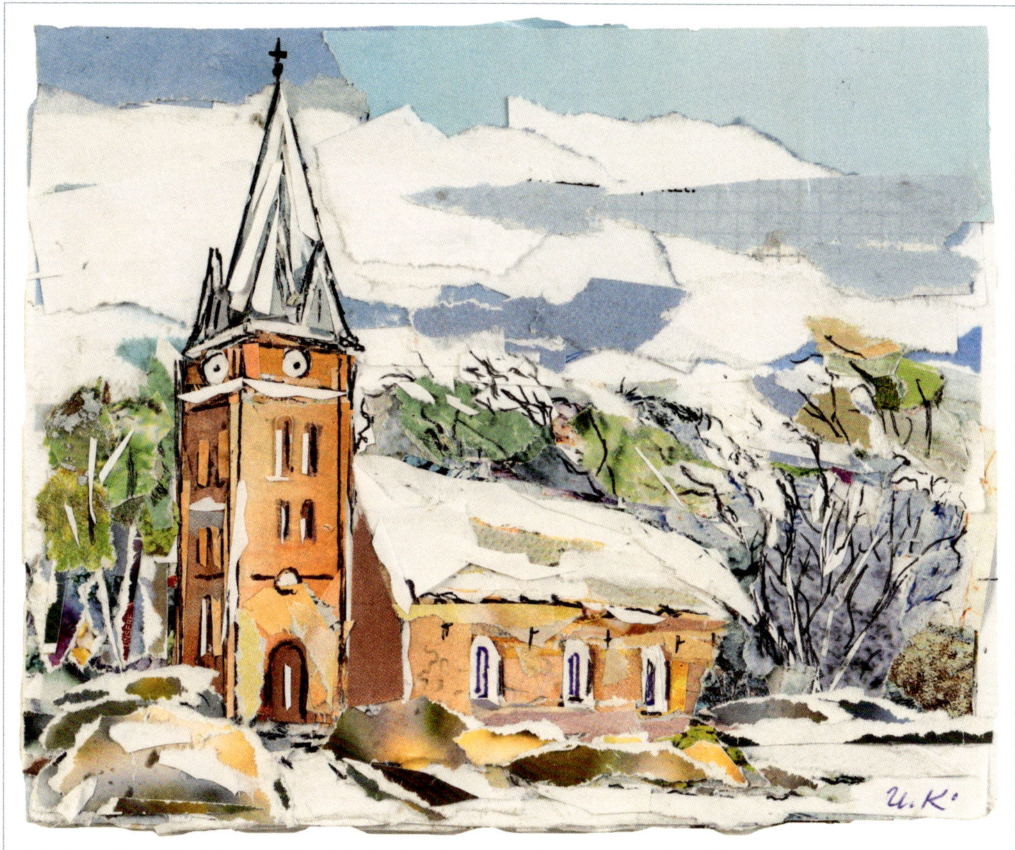
U. K.

St.-Matthäus-Kirche

Resterhafe, evangelisch-lutherisch

Erbaut	Ende 13. Jahrhundert
Besonderheit	Freistehender Glockenturm (13. Jh.); Taufstein (15. Jh.); Patronatsloge und Lettner (17. Jh.)

Orgel

Bauzeit	1963
Erbauer	A. Führer

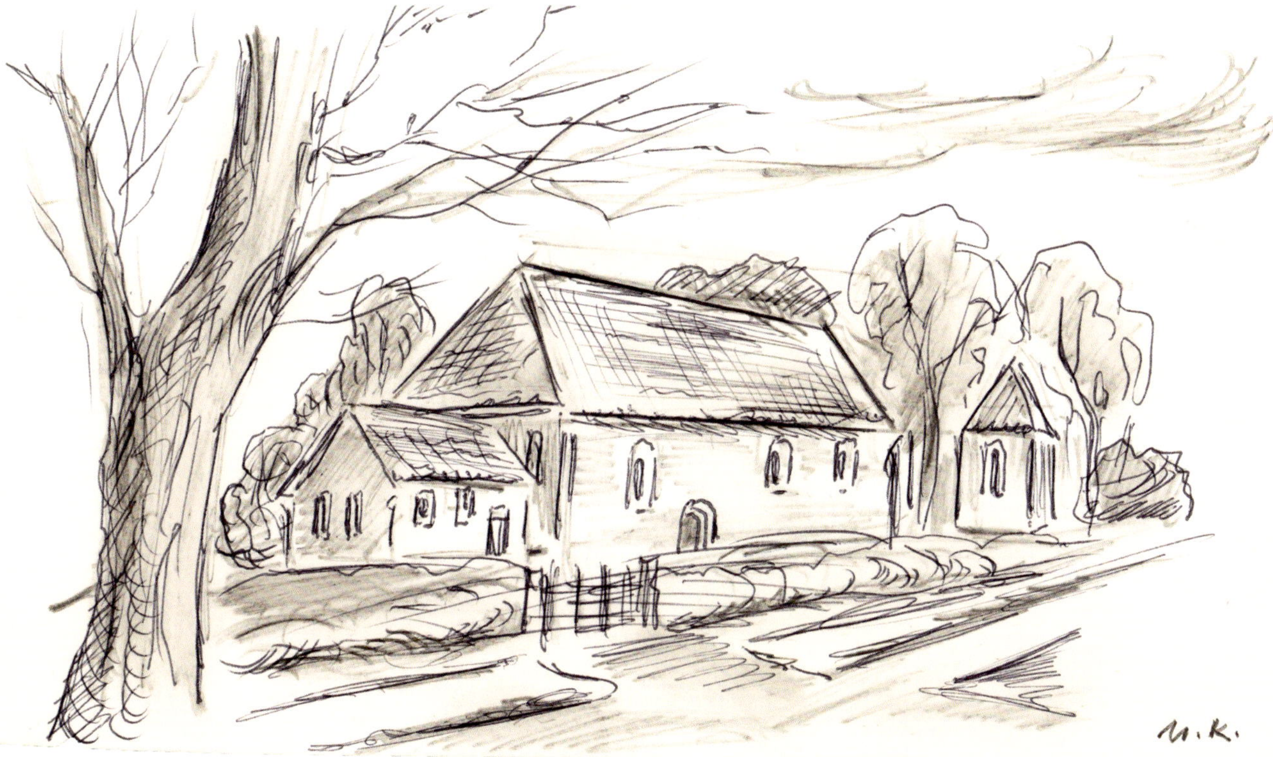
M. K.

Rysumer Kirche

Rysum, evangelisch-reformiert

Erbaut	15. Jahrhundert
Besonderheit	Bausubstanz geht auf 12. Jahrhundert zurück; Turm mit Kastenchor (um 1270); 1585 erneuert; Weihekreuze und Heiliggrab-Nische (15. Jh.)

Orgel

Bauzeit	1457
Bedeutung	Europäisch; älteste bespielbare Orgel Nordeuropas
Erbauer	Meister Harmannus (vermutl.), Groningen

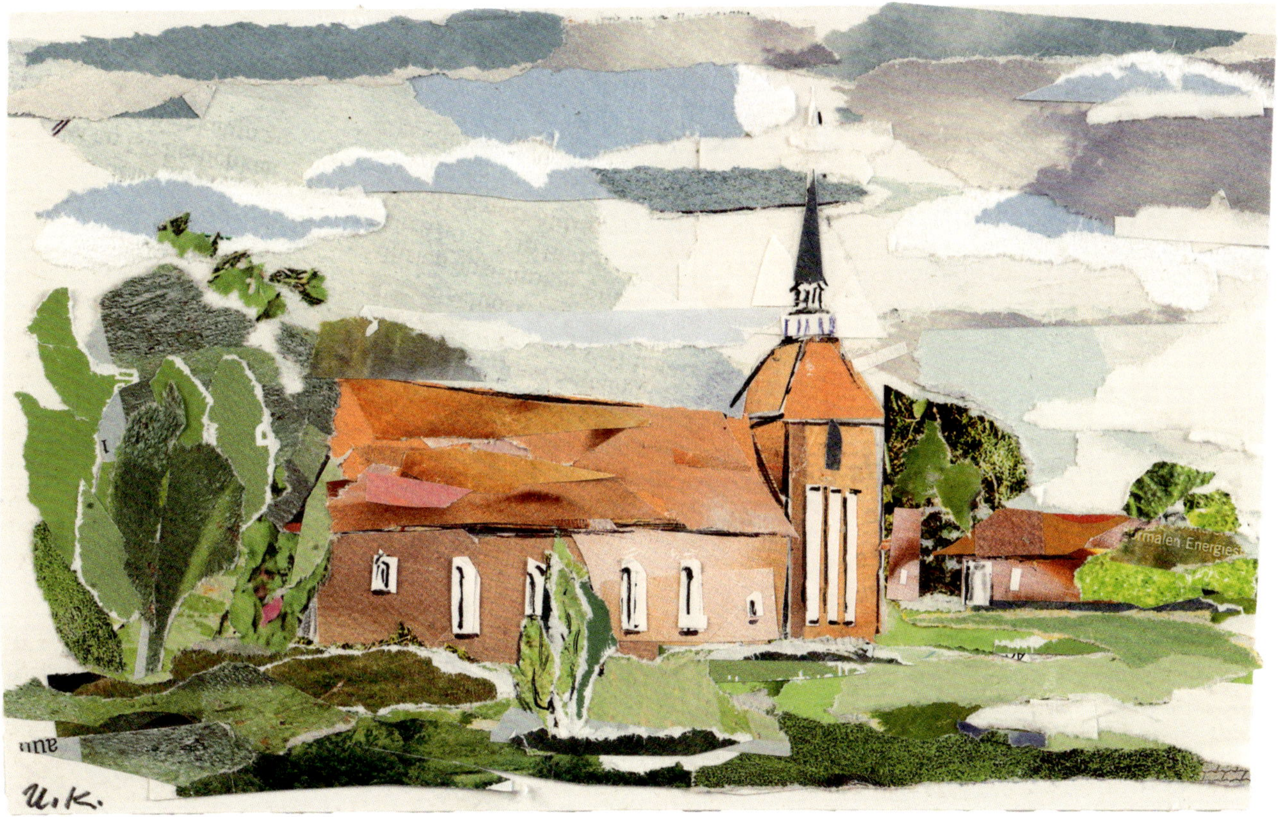
U. K.

Siegelsumer Kirche

Siegelsum, evangelisch-lutherisch

Erbaut	1822
Besonderheit	Kanzel von 1613; Westturm erhalten (15. Jh.), dient als Glockenturm; Georg V. von Hannover stiftete Orgel

Orgel

Bauzeit	1842/1845
Bedeutung	Regional
Erbauer	A. Rohlfs

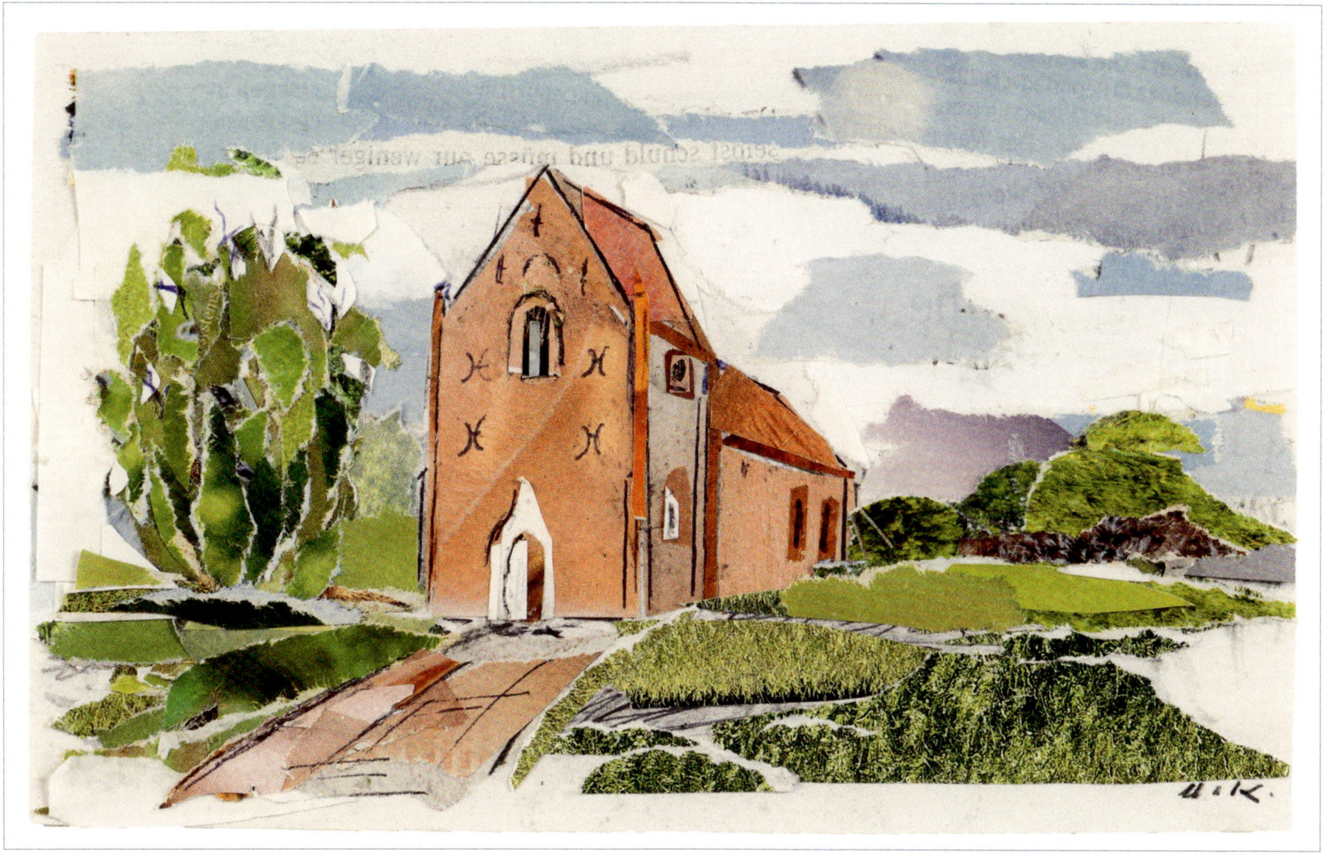

Alte Inselkirche

Spiekeroog, evangelisch-lutherisch

Erbaut	1696
Besonderheit	Älteste Kirche der Ostfriesischen Inseln; Pietà und Kanzel (16. Jh.); alter Kirchhof

Orgel

Bauzeit	1961
Erbauer	R. Janke

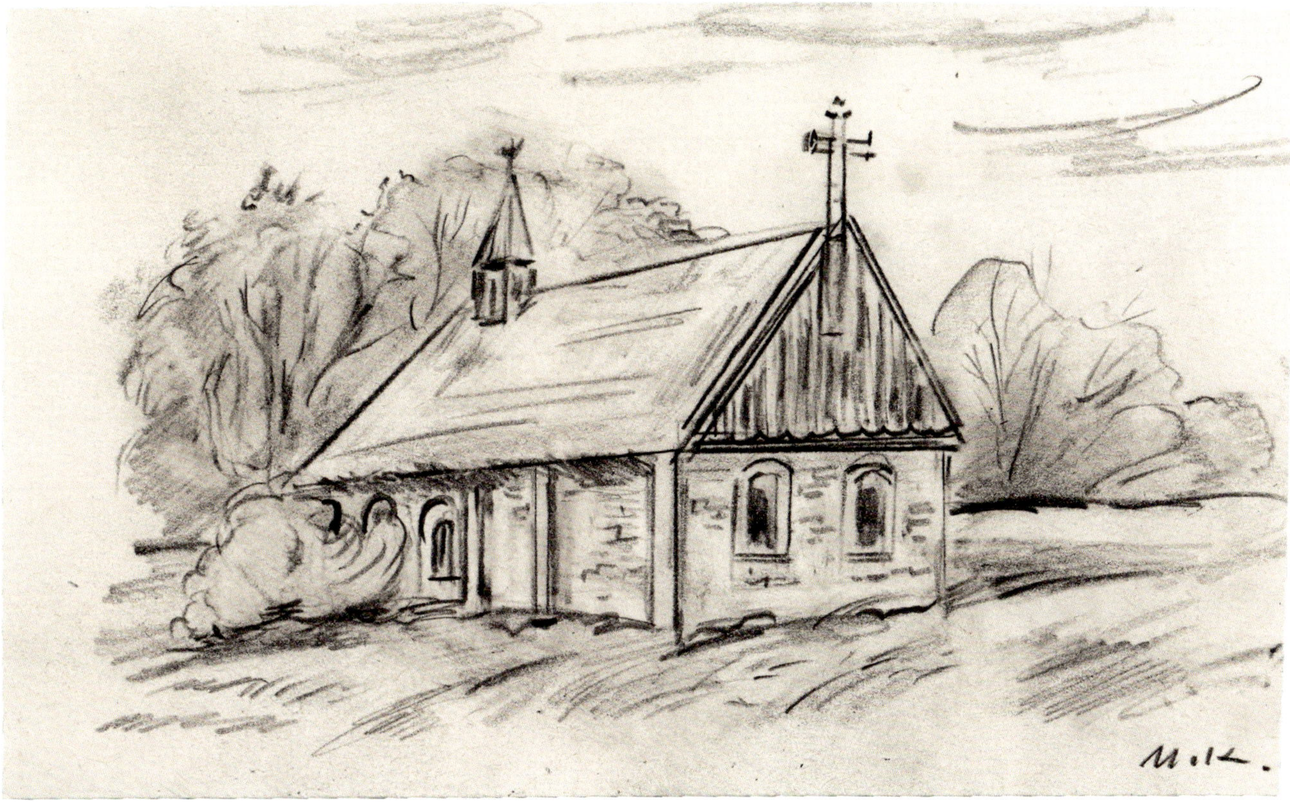

Suurhuser Kirche

Suurhusen, evangelisch-reformiert

Erbaut	Mitte 13. Jahrhundert
Besonderheit	Westturm (15. Jh.) ist einer der schiefsten Kirchtürme der Welt (Guinness-Buch der Rekorde)

Orgel

Bauzeit	1959
Erbauer	G. Brönstrup

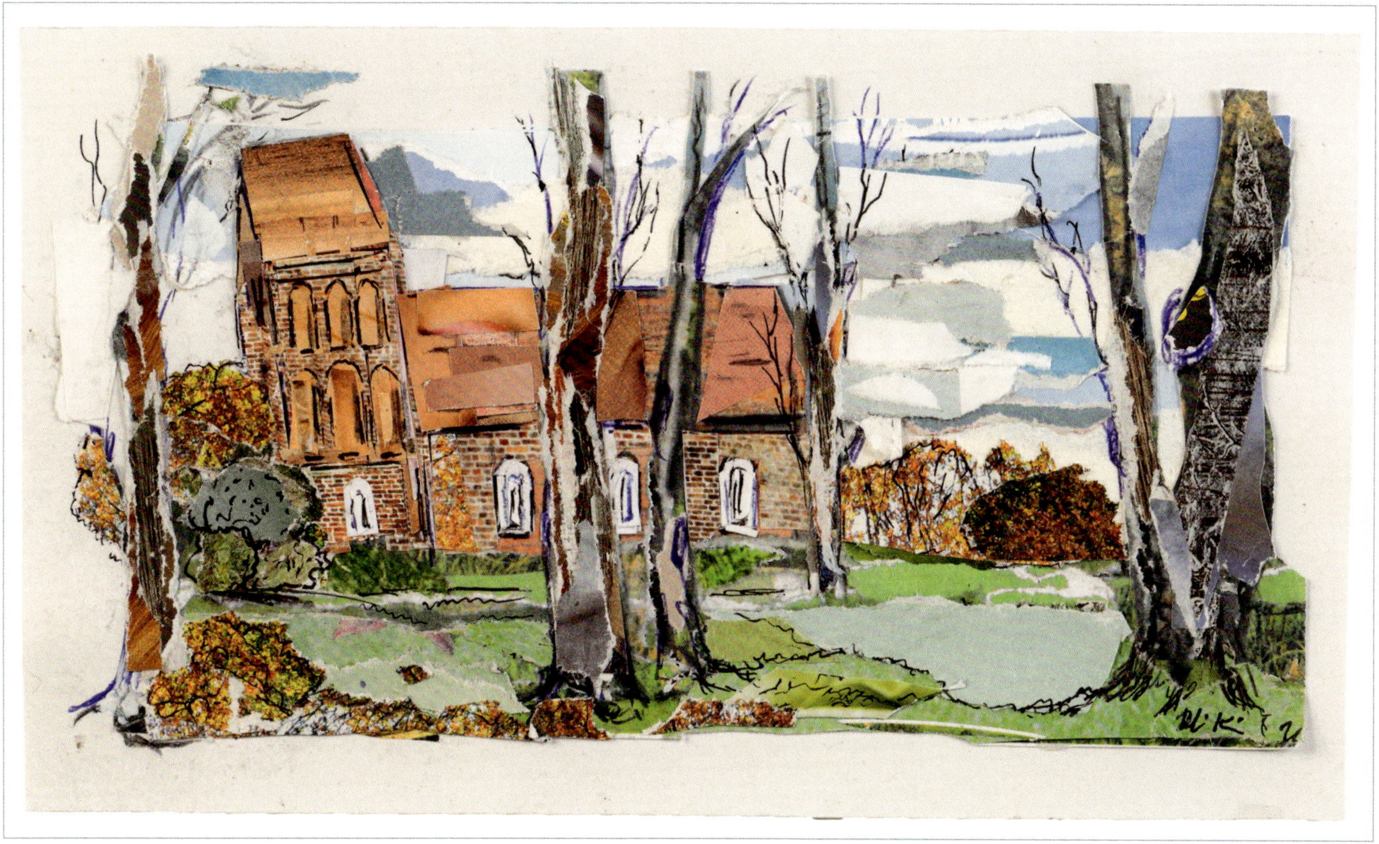

Uplewarder Kirche

Upleward, evangelisch-reformiert

Erbaut	14. Jahrhundert
Besonderheit	Grabplatten (16 Jh.); Freistehender Glockenturm (1854)

Orgel

Bauzeit	1963
Erbauer	A. Führer

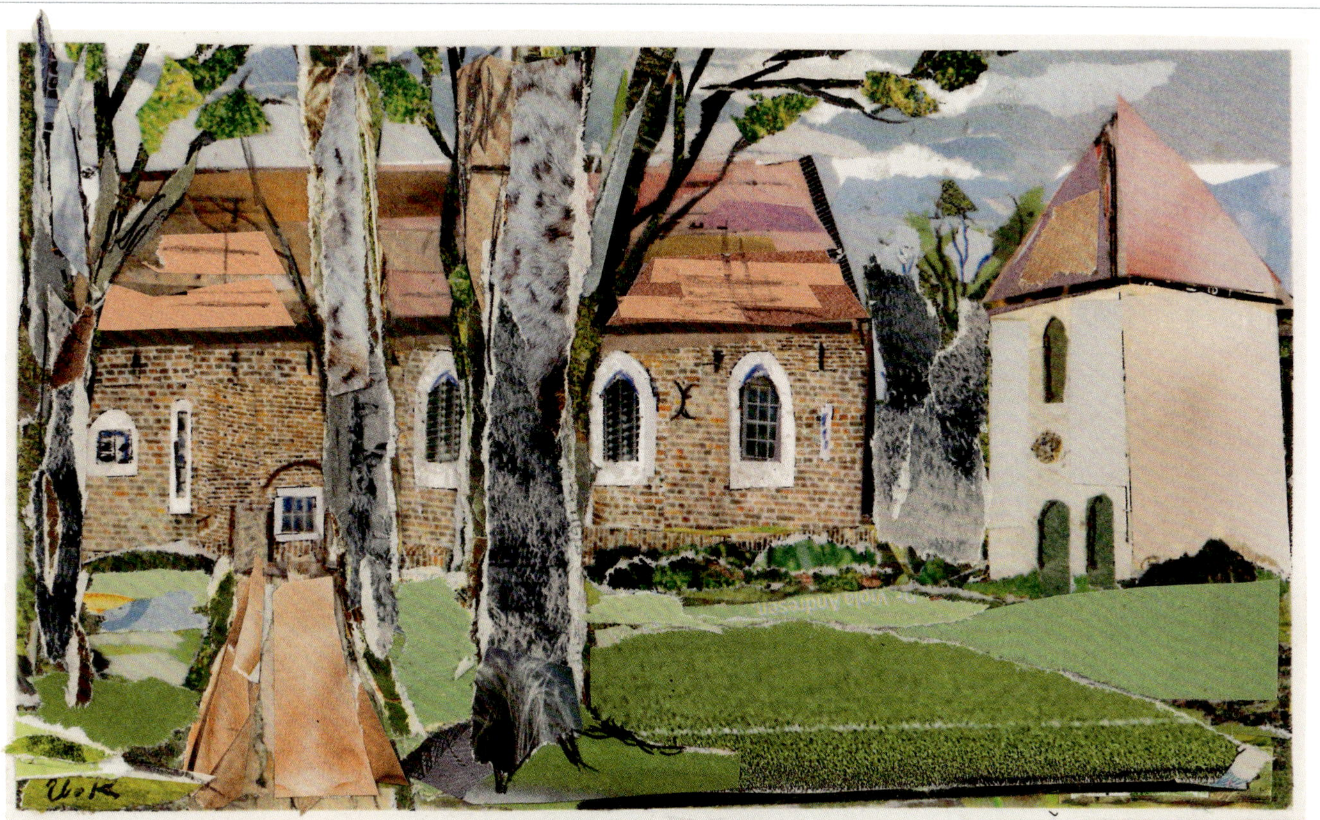

Visquarder Kirche

Visquard, evangelisch-reformiert

Erbaut	Ende 13. Jahrhundert
Besonderheit	Freistehender Glockenturm (um 1300); gestiftete Sandsteinuhr mit Cirksena/Wasa-Wappen

Orgel

Bauzeit	1966; Prospekt vor 1680
Erbauer	J. Reil

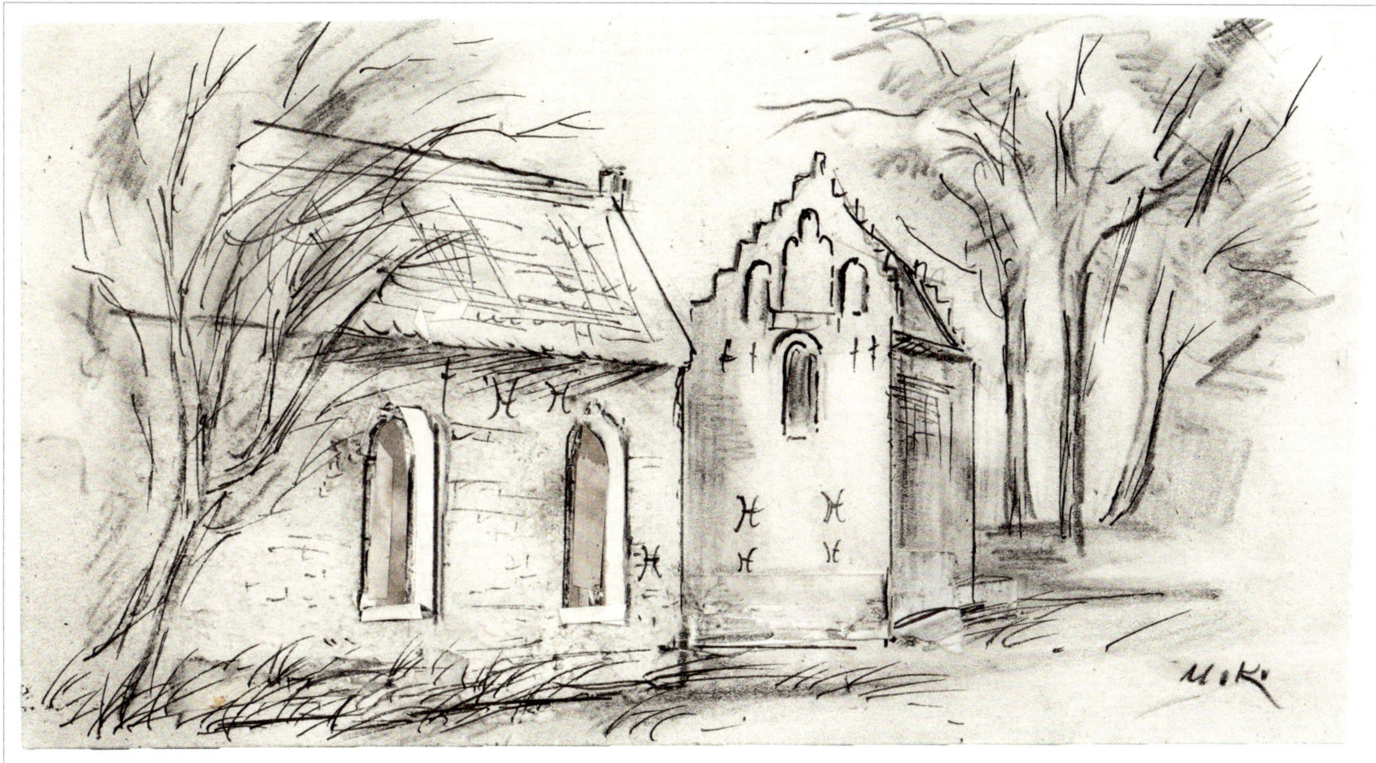

Petrikirche

Westeraccum, evangelisch-lutherisch

Erbaut	1270/1300
Besonderheit	Dreijochiges Gewölbe mit Ornamentmalereien; Kanzel von 1694; Emporenbrüstung stellt Tugenden dar; freistehender kleiner Glockenturm

Orgel

Bauzeit	1972; Prospekt von 1857
Erbauer	A. Führer

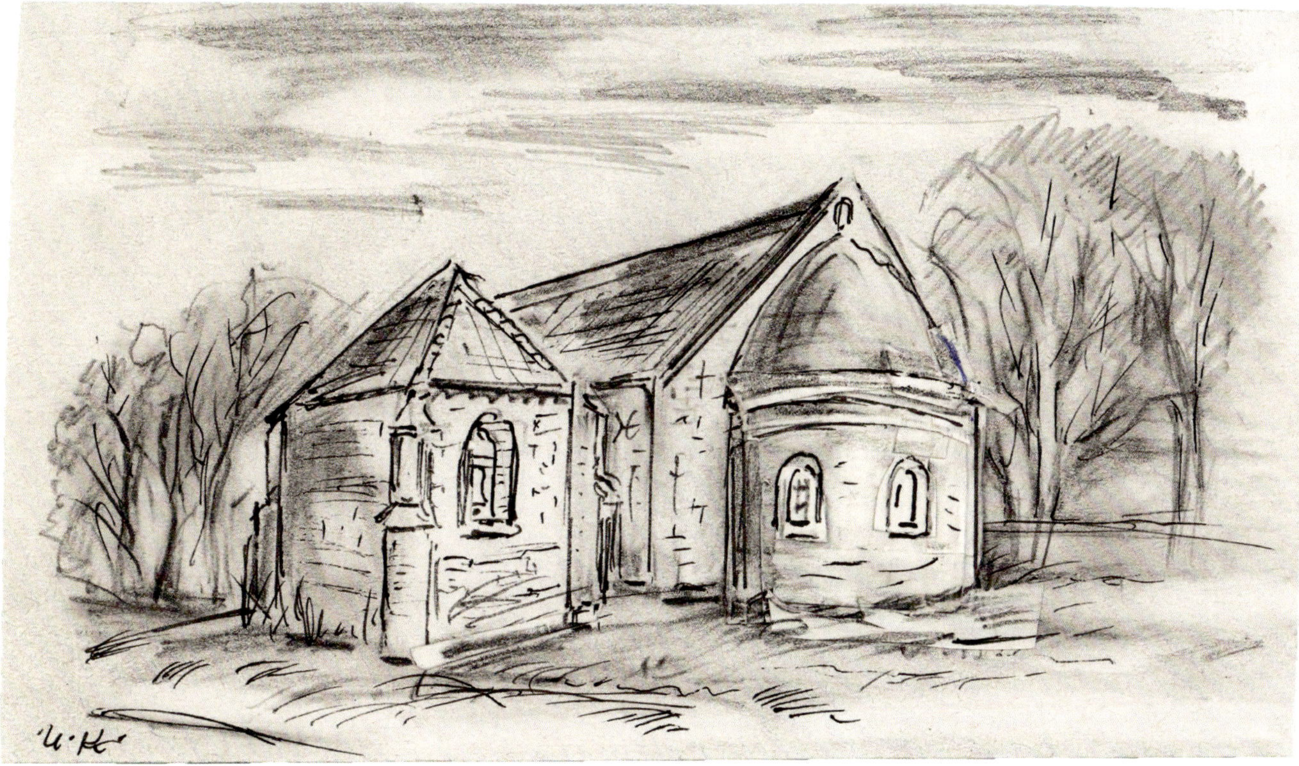

St.-Materniani-Kirche

Westerochtersum, evangelisch-lutherisch

Erbaut	1260/1290
Besonderheit	Freistehender Glockenturm (13. Jh.); Taufstein auf vier Löwen (um 1250); dreigeschossiger Altar von 1740

Orgel

Bauzeit	1743/1737
Erbauer	C. Klausing

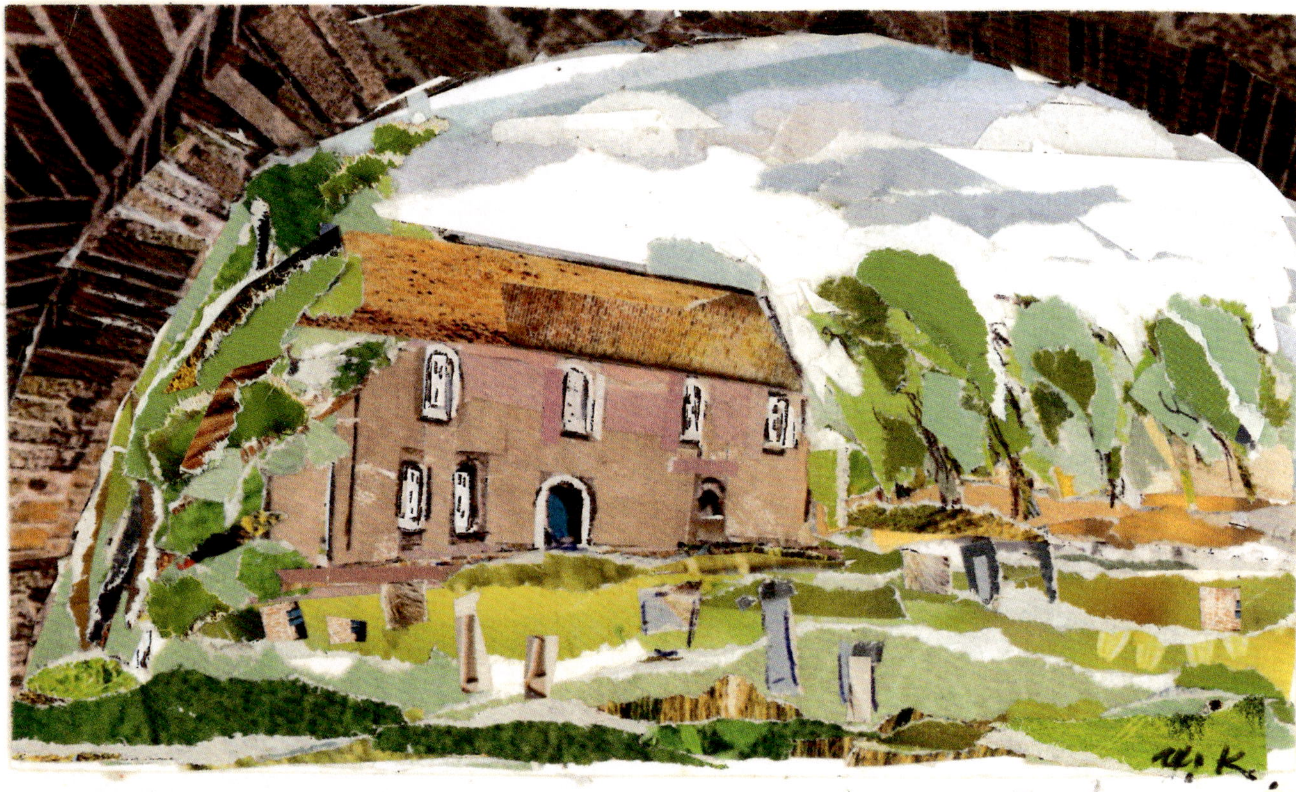

Johannes-der-Täufer-Kirche

Wiesens, evangelisch-lutherisch

Erbaut	Mitte 13. Jahrhundert
Besonderheit	Freistehender Turm mit Glocke aus Entstehungszeit der Kirche; Altar von 1715; Kanzel von 1735

Orgel

Bauzeit	1820/1822
Bedeutung	Regional
Erbauer	J. G. Rohlfs

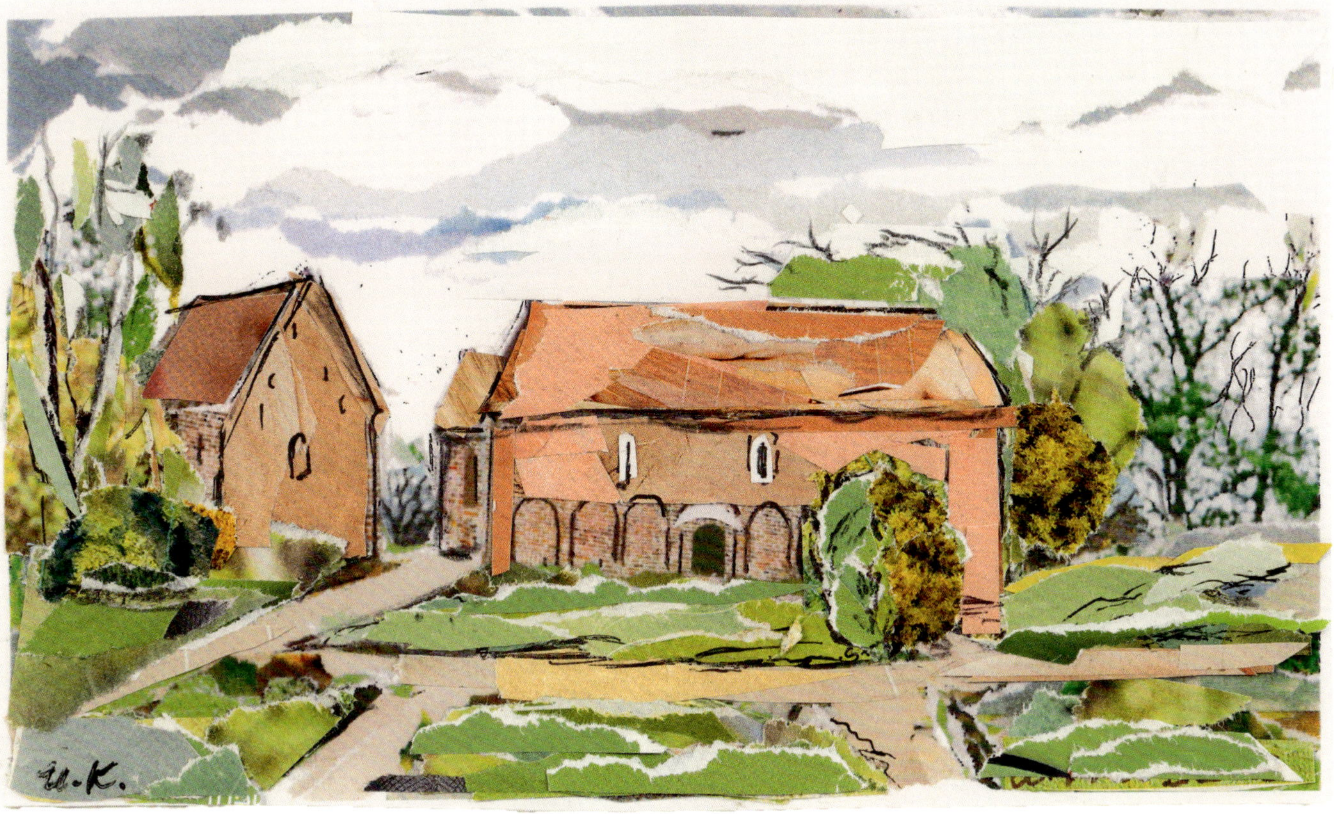
U.K.

Ostfriesland Verlag – SKN

Kirchen in Ostfriesland
Eine Auswahl künstlerischer Ansichten
Erstellt von Ursula Karge

1. Auflage 2024
ISBN 978-3-910358-12-6

Verlagsleitung: Gabriele Basse
Verlagsanschrift: Stellmacherstraße 14 · 26506 Norden
Internet: www.skn.info · E-Mail: buchshop@skn.info

Redaktionelle Bearbeitung: Gabriele Basse, Silke Arends
Korrektorat: Annette Freese
Umschlaggestaltung/Layout: Wiebke Jacobsen
Bildbearbeitung: Julia Wienekamp, Victoria Danielyan
Fotos: Ute Bruns
Gesamtherstellung: SKN Druck und Verlag GmbH & Co. KG
Druck: OPD – Ostfriesische Presse Druck / Emden

Bibliografische Information der Deutschen Nationalbibliothek: Die Deutsche Nationalbibliothek verzeichnet diese Publikation in der Deutschen Nationalbibliografie; detaillierte bibliografische Daten sind im Internet über http://dnb.d-nb.de abrufbar.

Literatur:

- Gottes Häuser in Ostfriesland, Robert Noah,1989
- Orgellandschaft Ostfriesland H. Vogel/R. Ruge/ R. Noah/M. Stromann,1997
- Ostfreesland Kalender 2024 – Orgeln und Modelle
- Wikipedia: Liste der historischen Kirchen in Ostfriesland, bearbeitet Mai 2024